本书为教育部人文社会科学研究专项任务项目"社会主义核心价值观引领下大学生社会责任感培育路径研究"（批准号：17JD710067）成果

本著作受上海工程技术大学著作出版专项资助

大学生社会责任感
培育路径研究

杨晓华 著

Research on the Cultivation Path of University Students' Sense of
Social Responsibility

上海交通大学出版社
SHANGHAI JIAO TONG UNIVERSITY PRESS

内容提要

本书运用实证调查研究和文献研究相结合的方法,以协同理论及相关理论为理论分析框架,探究当前我国大学生社会责任感状况以及存在的问题,并对大学生社会责任感培育的制约因素进行剖析。在借鉴国内外经验基础上,提出大学生社会责任感培育的有效路径。

本书可以作为高校教育行政管理者、教师、学生工作管理人员开展大学生思想政治工作的参考用书,也可以为高校思想政治理论课教师、相关专业教师和研究者提供有益的参考。

图书在版编目（C I P）数据

大学生社会责任感培育路径研究 / 杨晓华著. —上海：上海交通大学出版社,2020

ISBN 978 - 7 - 313 - 23685 - 2

Ⅰ.①大⋯ Ⅱ.①杨⋯ Ⅲ.①大学生-社会责任-责任感-研究-中国 Ⅳ.①G641.6

中国版本图书馆 CIP 数据核字（2020）第 160785 号

大学生社会责任感培育路径研究
DAXUESHENG SHEHUI ZERENGAN PEIYU LUJING YANJIU

著 者：杨晓华

出版发行：上海交通大学出版社　　　　　地　　址：上海市番禺路 951 号

邮政编码：200030　　　　　　　　　　　电　　话：021 - 64071208

印　　刷：常熟市文化印刷有限公司　　　经　　销：全国新华书店

开　　本：710mm×1000mm 1/16　　　印　　张：9.75

字　　数：157 千字

版　　次：2020 年 9 月第 1 版　　　　　印　　次：2020 年 9 月第 1 次印刷

书　　号：ISBN 978 - 7 - 313 - 23685 - 2

定　　价：59.00 元

前　言

习近平总书记在中国共产党第十九次全国代表大会上做的题为《决胜全面建成小康社会 夺取新时代中国特色社会主义伟大胜利》的报告中明确指出："青年一代有理想、有本领、有担当，国家就有前途，民族就有希望。"[①]2018 年 5 月 2 日，习近平总书记在北京大学师生座谈会上讲话指出："当代青年是同新时代共同前进的一代。我们面临的新时代，既是近代以来中华民族发展的最好时代，也是实现中华民族伟大复兴的关键时代。广大青年既拥有广阔发展空间，也承载着伟大时代使命。"[②]这些为新时代大学生的培养提出了明确的目标，具体来说就是：有实现中华民族伟大复兴中国梦的伟大埋想，有建设新时代中国特色社会主义的过硬本领，有承担新时代大学生社会责任的有力担当。增强新时代大学生社会责任感培育的实效性，提高高校思想政治教育的质量，是对新时代大学生社会责任教育面临一系列新问题的时代回应，具有深刻的时代背景和重要研究意义。

大学生社会责任感的培养，是高等教育的重要课题，更是实现德育育人的目标所在。随着社会转型期各领域改革的全面深化，身处价值多元化、利益关系复杂化、信息沟通网络化大背景下，部分大学生出现社会责任感弱化，公共利益罔顾的现象，反映了传统思想政治教育过分形式化、工具化而忽略了精神培育和价

---

① 习近平.决胜全面建成小康社会　夺取新时代中国特色社会主义伟大胜利[N].人民日报,2017-10-19.

② 习近平.在知识分子、劳动模范、青年代表座谈会上的讲话[EB/OL].新华网.http://www.xinhuanet.com/politics/2018-05/03/c_1122774230.htm,2018-05-03.

值理性引领的弊端。这给高校的思想政治教育工作提出了更高的要求,因此,新时期在全面加强高校思想政治工作背景下,以"立德树人"为根本任务,探寻大学生社会责任感培育的方式和路径,显得尤为迫切和重要。

本书是笔者承接教育部人文社会科学研究专项任务项目资助(课题名称:社会主义核心价值观引领下大学生社会责任感培育路径研究,批准号:17JD710067)的最终成果,结合笔者多年高校思想政治教育的教学经验和科研积累,查阅大量的文献资料,运用统计分析软件整理调查结果,以多元协同理论、认知理论和建构理论为理论分析基础,系统探究大学生社会责任感培育问题,破解当前思想政治教育实效性难题和困境。希望为高校教育行政管理者、广大的教师及学生工作者在推进德育育人工作和课程思政建设方面提供有益的参考。

本书分为绪论和正文两部分,绪论部分包括研究背景、研究意义、研究综述、研究方法和研究思路。正文分为8章,各章的具体内容如下:

第1章,核心概念阐释、理论分析框架。本章主要阐述社会责任感的核心概念、基本要求及特征,协同理论及其相关理论在大学生社会责任感培育中的运用,为后续研究打下理论基础。

第2章,社会责任感培育历程。本章从历史的视角梳理从中华人民共和国成立以来特别是改革开放以来,高校包括社会责任感培育在内的思想政治教育的发展历程及教育实践,为研究打下历史基础。

第3章,价值引领大学生社会责任感培育的意义。本章从宏观层面、中观层面、微观层面阐述高校大学生社会责任感培育的重要意义和价值所在。

第4章,大学生社会责任感现状之究。本章结合现有的研究资料及专家学者已开展的研究,通过问卷调查方法,对当前大学生社会责任感及培育现状进行调查,并运用统计分析进一步了解现状,为下一步分析提供现实依据。

第5章,大学生社会责任感培育中的问题及制约因素。结合之前的文献研究和实证研究,本章全面分析大学生社会责任感培育中存在的问题,并对问题成因进行剖析,为下一步的研究提供科学合理的逻辑支撑。

第6章,国内外经验启示。本章总结我国大学生社会责任教育发展的实践经验,对美国、德国、新加坡对公民道德教育和学生责任心培养的特色及域外国家的教育共性特点进行分析,以揭示更好的可借鉴的经验及做法。

第7章,大学生社会责任感培育的基本原则和要求。本章讲述大学生社会责任感培育中理论与实践相结合原则、普遍性与差异性相结合原则、开放性与引导性相结合原则、以人为本原则,以及显性教育与隐性教育相统一、引领与渗透相结合、全员全过程全方位协同、加强优秀传统文化责任教育、强化社会道德责任教育的基本要求。

第8章,大学生社会责任感培育的实践路径。本章是研究的最终归宿,从激发主体意识、实现自我教育、优化培育内容、构建良好的社会环境、优化培育方法、丰富社会实践活动、完善协同育人机制方面系统地提出了具体路径。

目 录

绪　论

大学生是民族的希望与国家的未来,他们的社会责任感状况直接关系着党和国家的前途命运,也关系着自身的成长和成才。《国家中长期教育改革和发展规划纲要(2010—2020)》中指出,要切实有效地培育并提升青年学生自愿服务于国家和社会的责任意识,着力提高学生服务国家、服务人民的社会责任感的要求。当前社会,身处价值多元化、利益关系复杂化、信息沟通网络化大背景下,一部分大学生出现社会责任感弱化的现象、责任行为不足等问题。如何培育和增强大学生的社会责任感,这给高校的思想政治教育工作提出新的要求和挑战,也是教育坚持"立德树人"的根本任务。党和国家高度重视大学生社会责任感的教育工作,习近平总书记在纪念五四运动 100 周年的讲话中指出:"中国青年是有远大理想抱负的青年! 中国青年是有深厚家国情怀的青年! 中国青年是有伟大创造力的青年! 无论过去、现在还是未来,中国青年始终是实现中华民族伟大复兴的先锋力量。"[①]因此,在全面加强高校思想政治工作背景下,以社会主义核心价值观为根本导向,在经典理论指引下,分析和破解当前大学生社会责任感培育中的瓶颈和难题,探寻大学生社会责任感培育的方式和路径,成为大学生思想政治教育的时代主题。

对大学生社会责任感培育展开研究是回应新时代对于人才培养和树立德育育人工作的迫切需要,其理论意义在于:对于丰富和深化中国特色社会主义理论和以德育人的教育研究具有重要的意义。以社会主义核心价值观为导向,契合

① 习近平.让五四精神在新时代放射新的光芒——纪念五四运动一百周年[N].人民日报,2019－05－04.

国家中长期教育改革和发展规划纲要的战略要求,培育和提高大学生的社会责任感,不仅是重要的世界观,也是重要的方法论。其实践意义在于:破解当前思想政治教育的困境,推进教育为本、德育为先的教育理念。以社会主义核心价值观为导向培育大学生的社会责任感,延伸中国的精神维度,从思想根源上克服高校思想政治理论教育实效性的不足,拓展思想政治教育和德育育人的实践路径。

国内外学者基于不同价值立场,对社会责任感相关研究提出了不同的观点和看法,归纳为以下几个方面。

(1)关于大学生社会责任感的含义。学术界从不同角度给以界定,有学者从思想政治教育角度认为社会责任感是一种对社会的觉悟,意识到自己对社会应尽的义务以及如何承担义务的一种自我意识。有学者从伦理学角度指出社会责任感是个人为了建立美好社会而承担相应责任、履行各种义务的自律意识和人格素质。陈道银将责任与职责相结合,指出公民应履行与自己身份相适应的、符合社会规范的预期的职责,责任感意味着对社会规范的遵守,其中,平等、自由、正义既是社会责任的核心诉求,也是社会责任感的价值遵循。[①] 谢军在《责任论》一书中,将责任作为一个实践性概念定义为,由一个人的资格和能力赋予的,并与此相适应地完成某些任务以及承担相应后果和道德的要求。他认为,一定的责任总是在一定的责任认识的基础上形成的,是主体在理解一定条件下自身角色和社会要求的基础上,把握自身行为及其后果,使之符合社会要求的观念、情感和意愿。[②] 郭金鸿则从社会角色和契约的角度来定义责任,他指出所谓责任是指由一个人或团体的资格所赋予的,并从事与此相适应的某些活动、完成某些任务的要求,也就是对人、社会、团体的应答。因此,在他看来,责任或责任感在本质上就是一种规定,而这一规定来源个体与他者的联系。[③] 吴威威从公民责任的视角将社会责任感定义为公民履行其与公民身份相适应的,符合社会公共善的义务以及对行为后果的承担。强调公民对公共利益的维护和对民主政体的监督,更加侧重于公民责任的政治性。[④]

(2)社会责任感培育的性质、地位和导向。朱佳认为,作为思想政治教育的

①　陈道银.公民责任建设与构建社会主义和谐社会[J].道德与文明,2008(2).
②　谢军.责任论[M].上海:上海人民出版社,2007:199.
③　郭金鸿.道德责任论[M].北京:人民出版社,2008:41.
④　吴威威.公民责任探析[M].北京:中国社会科学出版社,2015:66.

重要组成,社会责任感的培育不在于掌握多少理论知识,而在于帮助其树立真正的价值认同。陈新开认为价值认同是大学生社会责任的核心和终极目标。可见展开以责任认同为核心的社会责任教育对于当前全面增强社会责任感具有重要意义。社会责任感教育的导向总体上包括个人利益和社会利益导向。尽管从激发心理需要上,社会责任感培育的个人利益的取向具有可取性,但其根本导向应是社会价值导向。如果人们仅了解社会具体规则,而忽视其背后深邃的价值理念,等于得其"形"而忘其"神",只有真正理解了社会责任的价值取向,才称得上"形神兼备",承载道德失落和心灵亏空的重担,必须在法治领域进行价值重建(张永和)。

(3)大学生社会责任感的内容及构成。杨茹、丁云等从社会责任感的构成角度出发,将社会责任感界定为责任认识、责任情感、责任意志、责任行为四个部分。从社会责任感的内容来看,将学生社会责任感定义为对他人、群体、社会和环境的责任感,同时也包括对于自我的责任感。[1] 张志伟将社会责任感界定为生命责任、行为责任、成才责任以及回馈社会的责任等相互联系的责任系统,在根植于大学生主动性与渐进性的基础上引导学生积极投身社会建设。[2] 吴威威在《现代化视域下的大学生公民责任教育研究》一书中,立足于现代化,将大学生社会责任感归结为一种公民责任,将道德责任感和公共责任感作为大学生社会责任感的培育内容,目标是培养具有主体性和健全自律的现代公民。[3] 刘微微、盖元臣提出公民意识、感恩意识是大学生社会责任感的重要内容。[4]

(4)社会主义核心价值观与社会责任感培育的互动关系。主要观点集中在以下几点:在当今多元的价值取向下,更应坚持社会主义核心价值观导向。在与社会责任感的关系上,核心价值观是文化软实力的灵魂。范进学认为社会主义核心价值观包容了社会主义作为一种理论、运动和制度对社会各个方面的价值,其在价值体系中的核心地位决定了其统摄、辐射作用于社会责任的双向互动。梁冰认为应该将社会主义核心价值观融入高校思想政治教育中,引导大学生树立正确的价值观,从内心产生对法的认知和尊重,把被动的自我利益转化为社会

[1] 杨茹,丁云,阚和庆.大学生社会责任感的内涵、理论基础及现实意义探析[J].思想理论教育导刊,2012(12).

[2] 张志伟.当代大学生社会责任感内涵解析及其教育路径[J].思想理论教育,2014(10).

[3] 吴威威.现代化视域下大学生公民责任教育研究[M].北京:中国社会科学出版社,2015:58.

[4] 刘微微,盖元臣.论新时期大学生的社会责任意识[J].学术交流,2012(4).

责任的习惯。

（5）影响高校思想政治教育中大学生社会责任感培育的原因及制约因素。学者归纳了以下原因：注重说教，忽视理念教育（刘瑞瑞）；注重工具理性，忽视价值理性，教育内容与培养目标发生二元背离（李侠）；承袭传统教学模式，以客体化的知识传授割断了与生活和实践的联系，陷入知行分离之困境（鲁洁）；重单项宣传教育，忽视了个人价值与社会价值的良性互动，社会责任价值导向失去了最初推动力（吴秋红）；没有正确认识和处理好权利与义务的关系，缺乏感恩之心，导致社会责任感不能转化为主体价值追求的目标（范进学）。冯霞认为社会大变革的负面影响，家庭、学校教育的失误以及大学生自身认知水平的不足是导致当前大学生社会责任感较差的现实原因。①

（6）大学生社会责任感培育的基本路径。学者们从不同的视角提出了大学生社会责任感培育的方式和途径，当前大多数的研究成果都倾向于这个方面。魏进平、冯石岗从大学生社会责任感的形成机理出发，主张用课堂教学、实践激发、榜样引领等方式提高大学生的社会责任感，涵盖了认知、内化、实践以及强化等各个环节，形成了一个相对完整的培育模式或者机制。② 赵婷从教育学的视角提出要以人为本、显隐结合。隐性教育是受教育者在不知不觉之中实现教育目的，追求的是潜移默化、润物无声的教育境界。崔乃鑫认为大学生对自我的过分追求是当前影响社会责任感形成的重要制约因素，根据这一推论，他强调主要依托高校的课程推进大学生社会责任感的培育，例如通过"两课"，加强社会实践、传统文化教育、师德教育以及国防教育等方式提高大学生社会责任感。③ 陈菲、焦垣生主张通过加强课堂教学，提高教师的以身作则，重视社会实践以及严格责任管理即注重规范的作用等方法来加强公民社会责任感的培育。④ 冯霞提出高校应坚持以社会主义核心价值体系为导向，深化责任教育的内涵；加强校园文化氛围建设，重视社会实践活动以及三位一体的教育模式，以此来提高大学生社会责任感的实效。⑤ 孙秀玲认为提高大学生社会责任感必须要坚定理想，坚

---

① 冯霞.当代大学生社会责任感教育与培养研究[J].学术论坛,2009(2).
② 魏进平,冯石岗.大学生社会责任感的形成机理和提高策略[J].河北师范大学学报(哲学社会科学版),2013(4).
③ 崔乃鑫.大学生社会责任感缺失的原因和教育对策[J].现代教育管理,2010(5).
④ 陈菲,焦垣生.大学生责任意识教育应着力把握好的几个问题[J].思想理论教育导刊,2013(11).
⑤ 冯霞.当代大学生社会责任感教育与培养研究[J].学术论坛,2009(2).

定对国家和民族的负责,学会对自己和家庭、集体负责,利用社会主义核心价值体系,加强体验教育和感恩教育,不断强化大学生的责任意志,以此来提高大学生的社会责任感。① 刘峰认为,强化大学生社会责任感的培育应从深化教育环境、优化教育内容、强化社会实践、内化自我教育以及转化社会机制等几个方面进行着手。②

现有研究存在以下研究趋势:①整体性研究趋势。大学生社会责任的培育研究打破传统课堂法制教育的藩篱,触角伸向学校、社会和生活实践。②系统性研究趋势。社会责任培育被看作是一项系统工程,研究的视角涵盖道德、文化、公民教育等方面。③主体性研究趋势。大学生不应仅看作社会责任感培育的对象,而是参与、互动的主体。深入挖掘这些研究必将拓展研究视野,为笔者的研究思路提供有益借鉴。

本书主要采用理论分析法、实证分析法和系统分析法相结合。为了更好地厘清大学生社会责任感及社会责任感培育的现状、问题、瓶颈及制约因素,离不开理论的分析框架和实证研究的结合。大学生社会责任感培育是一项价值指引、运用与实践探索、优化结合紧密的系统工程。因此,在研究方法选择上既注重对相关的协同理论、教育理论、认知理论进行研读和领悟,作为理论的支撑,也注重思想政治教育发展现状和问题的实证调研。同时运用系统研究方法,对其进行系统性、整体性、协调性研究,深度体现习近平"四个全面"的方法论精髓,以期在价值指引下发挥整体功能,增强教育合力,进而实现高校思想政治教育的目标。既有理论研究作为分析框架和逻辑起点,又对发展历程进行了梳理,分析大学生社会责任感的生成机理,揭示问题及困境,进一步探讨价值引领下大学生社会责任感的生成及培育的科学方法,并提出大学生社会责任感培育的实践路径。

---

① 孙秀玲.对大学生社会责任感培育与重塑的理性思考[J].甘肃社会科学,2008(5).
② 刘峰.论新时期大学生社会责任感的培养[J].思想政治教育研究,2014(5).

第1章 核心概念阐释、理论分析框架

1.1 社会责任感的核心概念

1.1.1 责任、责任感相关概念辨析

责任与责任感这两个概念虽然相近,却有明显的区别。西方伦理学史上,首先概括和使用"责任"(kathekon)概念的人是芝诺,这里的责任源于希腊语,译为对某事尽力而为。古希腊学者德谟克利特就将责任理解为:"应该不是由于惧怕,而是由于义务,不做有罪的事。"具体来说,责任就是按照公共利益为前提,以公正的原则去做自己应该做的事情。在英语中责任常用 responsibility、duty、obligation 等单词表示,responsibility 的词根源于拉丁语的 respondere,译为"应允一件事情作为对另一件事情的回应"。我国古代,"责"和"任"刚开始并没有连用,而是作为两个字来分别使用的。传统儒家思想虽然没有直接研究"责任",但是儒家思想中的"义"就含有责任的意思。《辞海》中"责"的用法大致归纳为以下几类:①责任;职责。②责问;责备。③责罚。④索取;责求。"任"除了任用、职位、信任外,还表达责任、职责、担当、承担的意思。[①] 在现代汉语中,《汉语大词典》记述"责任"有三层含义:①使人担当起某种职务和职责。②分内应做之事。③做不好分内应做的事,因而应承担的过失。[②] 从宋代开始,"责任"逐渐出

① 夏征农.辞海[M].上海:上海辞书出版社,1999:620.
② 本书编委会.汉语大词典简编[M].上海:汉语大词典出版社,1998:2456.

现在文献中，《宋史·职官志》有曰："责任不专，职任废弛"，其中的"责任"就是指个体的职位及与之相对应的职责。

马克思主义理论中关于人性的论述，回答了人为什么要承担责任。马克思主义理论以为，人的本性是人之所以要承担责任的基础。马克思说："作为确定的人，现实的人，你就有规定，就有使命，就有任务，至于你是否意识到这一点，那都是无所谓的。"①那么，只要是现实生活中存在的人，就需要去承担一些责任，这些责任既无可选择，又不能避免。随着人类社会历史的持续进步、发展，责任的概念、含义也在逐渐扩充、演变。基于学者的研究成果和对"责任"的分析，责任的含义可概括为"必须履行的职责和义务"，指的是由一个人或团体的资格（包括作为人的资格和作为角色的资格）所赋予并与此相适应的从事某些活动、完成某些任务以及承担相应后果的法律和道德要求。②责任也是一种担当，在人们获得声誉的同时，监督并束缚着人们的思想、行动。

责任感在日常人际交往中俗称为责任心，是人们主观的感觉、意识，其含义是人们对现存社会中每种责任关系的认知，是人们的主观认识和内心体验。从本质上看，责任感是人们在认识世界、改造世界的过程中特有的一种情感，是较为强烈的道德情感。责任感侧重于承担责任和行为后果相关的情感成分，其内容是客观存在的，形式却是主观的。同时，责任感有崇高性，更多表现在对他人、社会、国家、民族的责任心和家国情怀。

1.1.2　社会责任感的内涵

何为社会责任感？很多人会简单将它理解为个体对社会应负的责任和义务以及在社会条件制约下必须履行的权利，这显然有失偏颇。社会责任感的范围非常广泛，包含不同层面和视角。学者们从不同的研究领域和视野对其作了界定，例如，陈德钦从价值取向角度强调"社会责任感是在一定社会历史条件下所形成的为了建立美好和谐社会而应承担的对自己、对家庭、对他人、对集体、对国家和民族、对环境、对人类的责任，是履行社会责任义务的自觉态度和人格素

---

① 马克思，恩格斯.马克思恩格斯全集：第三卷[M].北京：人民出版社，2006：329.
② 谢军.责任论[M].上海：上海人民出版社，2007：28.

质"①。任国忠从心理角度出发认为是"个体对自己承担人类社会和自身发展的责任中做出的行为选择、行为过程及后果是否符合内心需要而产生的不同态度的情感体验"②。杨茹从心理的构成要素出发,将责任感分为责任认识(知)、责任情感、责任意志和责任行为四大要素③。学者们从各自的学术视野、时代背景理解和把握社会责任感,但总体而言,社会责任感形成主观上是源于个体需求与价值选择,客观上是责任认知内化为责任情感和意志,再达成责任行为;同时这种行为必须通过社会公共生活和公共秩序得以体现,即:"社会责任感是指在特定社会历史条件下,个人孕育于深层心理意识、道德观念中以人类社会发展为价值取向的积极承担责任和履行义务的自觉意识和崇高精神,并在社会公共领域加以具体体现的行为,包括对社会、国家、集体、他人以及自然界的责任,由责任认知、责任情感、责任意志和责任行为构成"。④ 社会责任感既包括对他人、群体、社会和环境的责任感,也包括自我责任感。社会责任感是一种社会价值的体现,指个体对自己在积极承担社会角色、履行作为社会人义务中做出的行为选择、行为过程及后果是否符合内心需要而产生的一种积极的心理体验,它体现了一个人的社会化和人格完善的水平。简单来说,就是指个人为了让社会变得更加美好而有主动承担责任的意识,是个人愿意为国家、社会做贡献的内在动力。正如在陈志铖等研究者所概括的"大学生社会责任感包含着丰富的内容。大学生社会责任感包括自我责任感和对家庭、他人和社会的责任感。自我责任感包括自我生存和发展的责任感。对家庭的责任感包括孝敬父母、尊老爱幼等;对他人的责任最基本的要求是关心他人、相互尊重、乐于助人等;对集体的责任感主要表现在坚持集体主义的基础上,正确对待和处理个人利益与集体利益的关系;对国家和民族的责任感主要表现为对国家富强、民族复兴所承担的责任和使命"。⑤ 从自我责任感、家庭责任感、他人责任感、集体责任感及国家和民族责任

① 陈德钦.新时期大学生社会责任感培养的理论探究[J].重庆文理学院学报(社会科学版),2012(5):74-78.
② 任国忠.公民社会责任感的培育与公民道德教育的深度辩思[J].伦理与文明,2013(1):110-111.
③ 杨茹,丁云.大学生社会责任感的内涵、理论基础及现实意义探析[J].思想政治教育,2012(11):107-110.
④ 艾楚君,宋新.大学生社会责任感生成机理及培育路径研究[J].湖南科技大学学报(社会科学版),2017(01):179-184.
⑤ 陈志铖,张禧,何临春.大学生责任感培养的价值诉求与路径选择[J].沈阳农业大学学报(社会科学版),2015(4):444-448.

感五个维度,概括了社会责任感的具体内涵,也为更细致的分析研究提供了思路。厘清社会责任感的内涵将会有助于从理论上把握当前一些负面社会现象产生的根源,为大学生道德建设和责任感培育提供理论支持。

1.2　社会责任感的基本要求及特征

1.2.1　基本要求

社会责任感一般来说要达到五个层面的目标要求:对自己、对国家、对社会、对家庭、对集体等社会责任。大学生作为社会中具有较高文化素质的群体,是被寄予期盼、拥有更多机会承担社会责任的一个群体,他们是国家的未来、民族的希望。只有他们具有强烈的社会责任感,才能加快社会化进程,促进社会的和谐发展。对自己的社会责任,即大学生要对自己的生命、身心健康和精神健康负责,要有探索的精神,认真学习;对国家的社会责任,指大学生要热爱祖国,认同民族文化,为实现中国梦增添力量;对社会的责任,要求大学生为社会的发展做一些力所能及的事,如主动参加志愿者服务,关爱他人,温暖社会;对家庭的社会责任,要求大学生自觉承担起家庭的责任,要尊重长辈,孝敬父母,关爱家人;对集体的社会责任,指大学生要热爱集体,服从安排,接纳他人,帮助他人等。社会责任感是一种社会价值的体现,指个体对自己在积极承担社会角色、履行作为社会人义务中做出的行为选择、行为过程及后果是否符合内心需要而产生的一种积极的心理体验,它体现了一个人的社会化和人格完善的水平,即,个人为了让社会变得更加美好而有主动承担责任的意识,是个人愿意为国家、社会做贡献的内在动力。社会责任感培育的实质是价值观教育和社会道德规范,大学生思想政治教育中表现在树立正确的价值导向和社会道德观。

1.2.2　大学生社会责任感的特征

大学生社会责任感是大学生对其在积极主动担任其社会角色、遵行规则中做出的选择和结果是不是符合他们内心的需要而产生的积极向上的心理体验,即在一定理论指导的基础上,大学生利用知识武装头脑,提高自己专业素质和道德素养,能够自觉为国家、社会、家庭贡献自己一份力量的情感态度。大学生社会责任感还包含自我责任感,即他们在自身成长经历中面临所需承担责任而做出选择时所伴随的心理体验,对自己负责是服务社会的前提。因此,大学生只有首先对自己负责,才能更好地对国家、集体、他人负责,个人的价值才能得以实现。习近平总书记提出,"青年是标志时代的最灵敏的晴雨表,时代的责任赋予青年,时代的光荣属于青年""距离实现中华民族伟大复兴的目标越近,我们越不能懈怠、越要加倍努力,越要动员广大青年为之奋斗"。[①] 作为社会中具有较高文化素质的大学生群体,被党和国家及人民寄予更多的期望,他们是拥有更多机会承担社会责任的一个群体,是肩负国家的未来、民族希望的重要力量。只有他们具有强烈的社会责任感,才能加快社会化进程,促进社会的和谐发展。大学生社会责任感具有以下特征。

(1)社会责任具有自觉性。社会责任的承担要靠承担者的自觉,社会责任承担者只有在思想上自觉承担起社会责任,才能使思想和行为保持一致,才不会推卸责任。

(2)社会责任具有道德性。责任分为两种:一种是指责任承担者分内应该做的事情,如:岗位责任、职业责任、家庭责任等。这种责任实际上是一种角色义务责任。另一种是责任承担者分内没有应该做某件事情的义务,而是一种分外之事。这种分外之事更能体现一个人的奉献精神。如:一个人除了在自己的岗位上尽职尽责之外,还想着能为社会做点什么,这表明这个人具有某种社会道德品质。

(3)社会责任具有评价性。评价需要对社会责任承担和完善情况做出评价,是衡量社会责任目标达成情况的检验,据此判断个体是否具备责任心、公德心。自觉性、道德性、评价性是社会责任应具有的普遍特征。

1.3　协同理论在社会责任感培育中的应用

1.3.1　协同理论的基本内容

"协同"一词来自古希腊语"synergos",意为协和、同步、和谐、协调、合作。在我国古籍中,早有关于"协同"的记述,《汉书·律历志上》中有"咸得其实,靡不协同",意思是都掌握了它的实际情况,没有不协调一致的。这里的"协同"即协

---

① 习近平.青年要自觉践行社会主义核心价值观——在北京大学师生座谈会上的讲话[N].人民日报,2014－05－05.

调一致,配合与协作,和谐共进之意。发展至今其含义不断丰富,所谓协同,就是指协调两个或者两个以上的不同资源或者不同单位、不同子系统,相互作用和协作,向着同一个标准或者目标通过整合资源、优势互补、协调合作的过程、方法或能力。

协同理论(synergetics)亦称"协同学"或"协和学",是 20 世纪 70 年代以来在多学科研究基础上逐渐形成和发展起来的一门新兴学科,是系统科学的重要分支理论。其创立者是联邦德国斯图加特大学教授、著名物理学家哈肯(Hermann Haken)。1971 年他提出协同的概念,1976 年系统地论述了协同理论。协同论主要研究远离平衡态的开放系统在与外界有物质或能量交换的情况下,如何通过自己内部协同作用,自发地出现时间、空间和功能上的有序结构,它着重探讨各种系统从无序变为有序时的相似性。协同论指出,大量子系统组成的系统,在一定条件下,由于子系统相互作用和协作,探讨其转变所遵守的共同规律。找出影响系统变化的控制因素,进而发挥系统内子系统间的协同作用。协同论对揭示无生命界和生命界的演化发展具有普适性意义,系统要发挥协同作用,必须满足四个条件:一是目标的明确性;二是系统的开放性;三是自组织性;四是要素的非线性。正是它的这种普适性,把协同论引入大学生的思想政治教育和管理,必将对教育理论的发展以及对解决大学生社会责任感教育具有启迪意义,并提供了新的思维模式和理论视角。

1.3.2　协同理论基本方法及运用

协同论研究各种不同类型的系统中要素(或子系统)之间如何通过协同作用产生整体效应的共同规律。其研究方法是运用协同学理论研究系统如何自发地产生有序结构的科学方法,主要表现在:

(1)协同效应。哈肯的研究领域相当广泛,如群论、固体物理学、激光物理学、非线性光学、统计物理学、等离子体物理学、分歧理论、化学反应模型以及形态形成理论等。因此他在各种不同学科类比分析的基础上,发现了在系统从无序向有序的演化过程中,非平衡相变和平衡相变有其共性,它们都是大量子系统通过相互作用而产生的协调一致的结果。可用相同的数学模型进行处理。在类比过程抓住不同事物所共同具有的"结构"特征。系统协同工作时,可从混沌中产生出组织良好的新型结构,遵守普遍有效的规律。这种研究方法,就使协同论方法具有更普遍的适用性,广泛应用于解决物理学、化学、生物学、天文学、经济学、社会学以及管理科学中的问题。

(2)自组织原理。协同学强调自组织是系统由无序转向有序的关键,原因在于由大量子系统构成的复杂系统可在一定的条件下通过非线性的相互作用和相干效应而达到更有序。在此过程中序参量起着主导作用,并与其他各种变量处于协同工作中。

(3)全局效应。在处理系统的有序化问题时,把确定性和不确定性结合起来,既看到必然性的决定作用,又注意到偶然性涨落的作用,使系统由非稳定平衡位置转到新的稳定平衡位置。

当前,大学生社会责任感的培育在经济全球化的背景下面临新的挑战,其工作系统中的各组织协同合作非常必要。针对大学生社会责任感培育中存在的非线性活动和涨落现象,可运用协同理论的观点,在大学生思想政治教育中构建机构、制度以及教育内容、教育途径、全程循环等协同机制,以促进高校思想政治教育各系统之间产生关联运动,形成协同效应,提高系统内的自组织能力和抗干扰能力,优化思想政治教育的整体结构和整体功能,实现大学生政治思想教育效果的最大化。

1.4　相关理论的应用

1.4.1　道德教育理论

大学生社会责任教育主要任务之一就是培养大学生的社会责任感,而社会责任感实际上就是一种道德感,具体说来,就是一种社会责任道德,一种社会公德,一种大德。1995年颁布的《中国普通高等学校德育大纲》将培养学生"努力为人民服务,具有艰苦奋斗的精神和强烈的使命感、责任感"[①]作为高等学校德育目标之一。可见,大学生社会责任教育也是一种道德教育。那么,道德教育相关理论也就为大学生社会责任教育提供了理论来源。

1)道德教育与社会关系论

道德教育一方面具有其自身的独立性;另一方面又与社会中经济制度、政治

---

① 　王荣德.现代德育论[M].北京:中国社会科学出版社,2016:253.

制度、社会和谐等有着密切关系。对这两方面的了解有助于我们更好地整合市场经济道德与社会主义道德,把握社会主义市场经济条件下高校道德教育的价值取向,更好地为新时代大学生社会责任教育服务。

(1)道德教育的相对独立性。道德教育作为一种独立的教育实践活动,有其自身的独立性。主要体现在以下两方面。首先,道德教育的规律具有客观性。道德教育一方面要依据道德教育的客观规律进行,另一方面要依据大学生认知发展的客观规律进行,因为"一个人的认知水平限定了他在道德发展上可能达到的水平"[①]。新时代大学生社会责任教育既要依据社会责任教育的客观规律,又要依据大学生对社会责任认知的客观规律。其次,道德教育的方法具有客观性。道德教育中的榜样教育法、行为锻炼法、说服教育法、陶冶教育法等都是依据教育对象的特征而定的。大学生社会责任教育的方法也必须依据新时代大学生的特点因材施教。

(2)道德教育与社会经济政治制度的关系。道德教育以传递社会占统治地位的道德意识为己任,受社会经济政治制度的制约,同时对社会经济政治制度又具有反作用。首先,经济政治制度对道德教育有影响。从人类社会历史看,经济政治制度经历了封建社会、资本主义社会、社会主义社会三个阶段,前两个社会的经济政治制度都是为剥削阶级服务的,因而受经济政治制度决定的道德教育也是为剥削阶级服务的。在社会主义社会中,道德教育要坚持社会主义方向,为社会主义公有制经济制度和社会主义人民民主专政的政治制度服务。大学生社会责任教育要坚持中国特色社会主义发展方向,为新时代中国特色社会主义经济政治制度服务。其次,经济政治制度决定道德教育的目标。经济政治制度不同,道德教育的目标也不同。我国社会主义社会以培养公民具有社会主义思想觉悟和共产主义道德为道德教育目标。大学生社会责任教育要以培养大学生具有实现中华民族伟大复兴中国梦为核心的教育目标。此外,道德教育通过传播为一定经济政治制度服务的道德意识,培养具有一定道德的人才,促进社会政治民主,反作用于经济政治制度。新时代大学生社会责任教育通过培养愿意承担、能够承担社会责任的一代代新人,反作用于新时代中国特色社会主义经济政治制度。

---

① 　钟启泉,黄志成.西方德育原理[M].西安:陕西人民出版社,1998:158.

(3)道德教育与社会和谐的关系。道德教育属于社会意识,"社会存在决定社会意识",因此,社会存在决定道德教育。社会的和谐发展也需要道德教育来调节人与人、人与自然、人与社会的矛盾。大学生社会责任包括自己对他人、对自然、对社会的责任。大学生社会责任教育要培养学生对促进社会和谐的责任意识。

2)道德教育功能论

道德教育功能是多方面的,具有复杂性和客观性的特点。道德教育一方面要回答"道德教育应该干什么"的问题,即道德教育是道德教育目标、任务和行为的结果,是道德教育活动的主观设想;另一方面要回答"道德教育究竟干了什么",即道德教育还需要面向真实的道德实践。道德教育是世界观教育、人生观教育、价值观教育、政治观教育、法制观教育、社会公德教育、职业道德教育、家庭美德教育、个人品德教育、心理健康教育、劳动教育、集体主义教育、社会责任教育、爱国主义教育、社会主义理想教育和共产主义教育等方面的载体。

(1)道德教育功能分类。道德教育按不同的分类标准可以分为不同类别。按道德教育功能对象分,可以分为个体功能和社会功能。道德教育的个体功能是指道德教育对个体身心发展的作用,是道德教育的本体性功能,包括道德教育的个体生存功能、道德教育的个体发展功能、道德教育的个体享用功能。道德教育的社会功能是指道德教育对社会发展的作用,是道德教育本体功能在社会中的延伸,包括道德教育的政治功能、道德教育的经济功能、道德教育的文化功能。按道德教育功能呈现形式分,可以分为显性功能和隐性功能。道德教育的显性功能是指道德教育在实际运行中促进人的品德发展、社会进步、风气改善等一系列与道德教育目的相吻合的结果。道德教育的隐性功能是指伴随着道德教育显性功能出现的非预期性功能。按道德教育功能方向分,可以分为正向功能和负向功能。道德教育的正向功能指道德教育对个体发展和社会进步的积极影响。道德教育的负向功能指道德教育对个体发展和社会进步的消极影响。

(2)道德教育功能对新时代大学生社会责任道德教育功能的启示。社会责任道德教育功能包括社会责任承担个体的生存功能、发展功能、享用功能。个人离不开社会,社会也离不开个人。个人对社会责任的承担表现在个人对社会的奉献,促进社会的进步发展。而社会的进步发展反过来会反哺个人的生存发展。新时代大学生社会责任道德教育一方面有利于新时代大学生个体的成长成才,有利于自我责任的担当;另一方面有利于新时代大学生社会责任的担当。

3)道德教育内容论

道德教育的内容随时代不同而有所不同。道德教育要发挥有效作用需要在分析当下道德教育内容基础上,依据一定的原则对道德教育内容进行最优化设计。这些对新时代大学生社会责任道德教育有启示意义。就内容而言,当下道德教育内容整体情况良好,但也面临一些挑战。

(1)道德教育内容的现实性有待进一步提高。道德教育内容不仅要有超前性,更要有现实性,与受教育者个体社会生活经验相一致的道德教育内容更能满足受教育者个体的需求。相反,如果道德教育内容缺乏现实性,与社会上现行的现象不一致,则会削弱道德教育的实际效果。例如,当我们向学生进行艰苦奋斗教育时,学生见到的却是大吃大喝、挥霍浪费等现象;当我们向学生进行诚信道德教育时,学生目睹的却是商业欺诈等现象。这些道德教育的理想与现实的差距会让学生们感到无所适从。

(2)道德教育的开放性有待进一步提升。道德教育内容要实现从面向学生开放到面向全人类开放,要借鉴国外道德教育的有益经验,要克服道德教育内容规定过死的弊端,允许地方编写具有地方特色的道德教育教材。就原则而言,确定道德教育内容要有方向性原则、高尚性原则、基本性原则、整体性原则、针对性原则。道德教育内容的方向性原则要求道德教育内容的选择必须以马克思列宁主义、毛泽东思想、邓小平理论、"三个代表"重要思想、科学发展观、习近平新时代中国特色社会主义思想为指导,以确保道德教育内容的社会主义方向。道德教育内容的高尚性原则要求道德教育要以代表人类未来道德方向的共产主义道德为内容,使其能起到示范和引领作用。道德教育内容的基本性原则要求道德教育要以社会公德、国民公德、职业道德、家庭美德、法律法规等基本内容教育绝大多数人。道德教育内容的整体性原则要求道德教育内容要全面,要按照由浅入深、由近及远、由小到大、由易到难、由具体到抽象来安排道德教育内容。道德教育内容的针对性原则要求道德教育内容要根据受教育者不同年龄、不同能力、不同特点来确定,根据不同历史时期来确定。道德教育内容论对大学生社会责任道德教育的启示表现在:大学生社会责任道德教育内容除了要对大学生社会责任道德进行超前教育,还要与当前大学生的学习和生活实际经验相结合,将新时代大学生社会责任道德教育内容确定的方向性原则、高尚性原则、基本性原则、整体性原则、针对性原则有机统一起来,以实现大学生社会责任道德教育内容的落地生根。

1.4.2 社会学习论、建构主义理论

1)社会学习论

社会学习论从 20 世纪 70 年代在西方崛起,作为第三代行为主义心理学理论的典型代表,社会学习论对有效地解释人类学习行为的塑造、学习行为模式的养成以及不良学习行为的矫正具有深远的指导意义。社会学习论包括社会认知理论和观察学习理论两个理论。社会认知理论认为个体、环境与行为三者之间是相互作用、互为因果的关系。自我效能感的高低直接影响个体的努力程度,从而导致成绩的好坏,而成绩的好坏反过来影响个体的自我效能感。同样,环境和自我效能感也存在交互作用,教师的鼓励能提高学生的自信心,而学生的优越表现更促进了教师的积极教学行为。观察学习理论认为观察学习是人学习的最重要的形式。学习可以分为参与性学习和替代性学习。参与性学习的实质是从做中去学,也就是直接经验的学;替代性学习是通过观察别人而进行的学习,在学习过程中学习者没有外显行为。人类的大部分学习都是替代性学习,因为个体在多数情况下不可能通过亲手做并体验行为结果来进行学习,替代性学习可以大大提高学习速度。替代性学习还可以避免人去经历有负面影响的行为后果,如我们可以通过听他人的讲述、看书以及看电影等来了解面临火灾时的逃生办法。观察学习包括注意、保持、复制和动机四个子过程。在注意过程中,学习者注意并知觉榜样情境的各个方面。在保持过程中,学习者记住从榜样情境了解的行为。在复制过程中,学习者将头脑中有关榜样情境的表象和符合概念转为外显的行为。在动机过程中,学习者因表现所观察到的行为而受到鼓励。社会学习论关于学习的实质问题的基本看法就是学习是指个体通过对他人的行为及其强化性结果的观察,从而获得某些新的行为反应,或已有的行为反应得到修正的过程。社会学习论应用于学校的课堂教学之中,并创造性地提出了示范教学的模式。示范包括真实的示范、象征性示范和创造性示范三种形式。示范教学模式揭示了通过示范进行教学的一般规律,对大学生社会责任感教育具有很强的指导意义。

2)建构主义理论

建构主义学习论诞生于 20 世纪初的欧美国家,20 世纪中叶以后发展迅速,

在西方国家的教育领域乃至社会生活的方方面面都产生了非常深远的影响。建构主义学习论认为,教育者要充分利用"情境性认知"来提高学习者的学习效果。所谓"情境性认知",是指人的认知活动应该与具体的情境化的实践相结合,一方面具体情境能够充分唤醒原有经验,去"同化"和"顺应"当前所遇到的外界信息,达到对新知识的有意义的建构;另一方面,适宜的情境能够带来适合学习的情绪体验,促进学习的有效进行。建构主义理论分别从认知和社会两个角度来认识人类的学习过程,但他们的理论都承认知识建构在学习中的重要作用。后来很多建构主义者都深入到教育教学一线亲身推广并验证建构主义学习论的观点,这对当时以行为学习论的刺激—反应模式为主的教育教学模式提出了极大的挑战,为教育实践开辟了新天地。可见,在培养大学生社会责任感时,教育者要特别重视培养场域,建构情境的创设,脱离生活情境的灌输式教育会使教育效果大打折扣。一方面,从社会责任感的内涵来看,社会责任感本身就是在一定的社会情境下所体现出来的责任意识,这种责任意识的形成和培养当然不能离开具体的生活情境。另一方面,观念的形成是与学习的环境密切相关的。如果没有合适的学习情境,学习者就难以建构出适应具体情境的知识,更难以解决现实生活中的实际问题。

第2章 社会责任感培育历程

　　大学生与中国的现代化进程相伴相生,自 1895 年中国第一所近代意义上的官办大学——天津北洋西学学堂诞生以来,大学生就开始作为一股社会力量登上历史舞台。自中国共产党成立以来,核心任务之一就在于引导青年投身民族解放之中,实现中华民族的复兴,正如李大钊所言:"旧民族之复活,非其民族中老辈之责任,乃其民族中之青年之责任也。"①大学生作为一种特殊身份,天然内化了其对于社会、国家、民族的责任和义务。为了研究的方便,笔者从中华人民共和国成立以来分两个阶段来总结分析大学生社会责任感培育的发展历程。

2.1 中华人民共和国成立到改革开放前的教育实践

　　中华人民共和国成立到改革开放前的大学生社会责任教育实践主要从以下方面进行。

2.1.1 校内思想政治教育

　　中华人民共和国成立初期,为了团结一切可以团结的力量,巩固新生的政权,需要各行各业各阶层人民发扬爱国主义精神、集体主义精神,增强民族意识,提高社会责任感。在这样背景下,大学生社会责任教育受到党和国家的高度重视。1949 年 12 月,全国教育工作会议对高校思想政治教育的目的、原则和方法

---

① 李大钊.李大钊文集(上)[M].北京:人民出版社,1984:80.

等问题做了系统而详细的阐述,对大学生社会责任教育实践具有指导意义。1951 年 9 月,周恩来在《关于知识分子的改造问题》的报告中指出知识分子改造的必要性、目的和途径,要求知识分子明确革命立场、观点和态度,担负起巩固革命成果的责任,要求知识分子加强学习,担负起改造自身主观世界的责任。高校是知识分子聚集的地方,因此,周恩来这一讲话对如何改造高校教师和大学生的世界观、人生观、责任观都有指导意义。1952 年 10 月,《在高等学校有重点地实行政治工作制度》中谈到,高校要设立政治辅导处并配备相关政治辅导员,高校的思想政治教育工作有了专门的组织管理机构,开始朝科学化、专业化的方向发展,大学生社会责任教育有了组织保障。大学生社会责任教育的主要渠道之一就是通过开设思想政治理论课对大学生进行思想政治教育。因此,在这些党和国家报告、文件指导下,思想政治理论课经历了从点到面,从不完善到逐步完善的一个过程。"解放后最早开设政治课的是华北地区大专院校的文法学院。随后在中央和教育部的肯定下,逐步扩展到全国各高校,并在课程设置、教学时数、教学原则、内容和方法等方面不断统一和完善。"①这些实践为大学生社会责任教育的系统化提供了实践基础。

2.1.2　校外社会实践活动

中华人民共和国成立后,大学生社会责任教育的"另一条途径是通过组织学生参与具体的社会实践来开展"②。一是"学雷锋"活动。雷锋同志出生在抗日战争时期,在不满七岁的时候成了孤儿,小学毕业后当过通信员、政府工作人员、工人,参加过人民解放军,先后被评为"机关模范工作者""青年社会主义建设积极分子",还被追认为"全国优秀少先队辅导员"。雷锋的一生爱憎分明、言行一致、公而忘私、有责任、有担当,是全心全意为人民服务的典范,一心一意为社会奉献的楷模。雷锋的因公殉职留下了一笔宝贵的精神财富——雷锋精神。朱德、毛泽东、刘少奇、周恩来先后题词,号召人们要向雷锋同志学习。因此,雷锋同志是大学生学习的榜样。二是"周六义务劳动"。"周六义务劳动"也称"共产主义星期六义务劳动",是指在列宁的号召下,苏联全体劳动群众为反对帝国主义武装干涉,保卫来之不易的十月革命胜利的果实而在星期六自愿组织起来进

---

① 张耀灿.中国共产党思想政治教育史论[M].北京:高等教育出版社,2006:213.
② 魏海苓.责任与担当:大学生社会责任感养成机制研究[M].北京:知识产权出版社,2016:92.

行的无偿劳动。它为保卫新生政权做出了贡献,体现了无私奉献,勇于承担起保卫祖国的国家责任。可见,"周六义务劳动"是新生社会主义国家保卫自己的行动,其产生的背景与中华人民共和国成立初期受到帝国主义强权政治、霸权主义的威胁相关,中国与苏联一样也面临着同样的境遇。因此,"周六义务劳动"也适用于刚建立的中华人民共和国。因此,中华人民共和国成立初期在大学生中开展"周六义务劳动"也是自然而然的事情。

2.2　改革开放后的教育实践活动

改革开放是中国历史上的一次伟大转折,也是大学生社会责任教育史上的一次伟大转折。

2.2.1　改革开放后的初期发展

改革开放以后,国家加强了职工、农民、军队、学生的思想政治教育和社会责任教育工作。正如邓小平于 1978 年在《全国教育工作会议上的讲话》中指出:"把青年培养成为忠于社会主义祖国、忠于无产阶级革命事业、忠于马克思列宁主义、毛泽东思想的优秀人才,将来走上工作岗位,成为有很高的政治责任心和集体主义精神,有坚定的革命思想和实事求是的工作作风,严守纪律,专心致志地为人民积极工作的劳动者。"[1]邓小平同志的这一论述揭示出高校需要承担为国家培养现代化建设合格人才的重要责任。在高校领域,国家在 1980 年 4 月颁布了《关于加强高等学校学生思想政治工作的意见》。党的十二大指出"各级各类学校的教育工作者在建设社会主义精神文明中担负着特别重要的责任"[2],也就是说高校要担负起培养能为社会主义建设做贡献的合格大学生,这是学校承担的社会责任。大学生能否投身于社会主义建设及贡献大小取决于承担社会责任及社会责任感的强度。1985 年 8 月,国家下发了《关于改革学校思想品德和政治理论课教学的通知》,要求各类高校的历史教育要以中国革命史教育为重点,也就是要让大学生牢记历史,承担历史责任。1987 年 5 月,国家颁布了《中共中央关于改进和加强了高等学校思想政治工作的决定》,对高校大学生思想政

---

① 邓小平.邓小平文选:第二卷[M].北京:人民出版社,1994:106.
② 张耀灿.中国共产党思想政治教育史论[M].北京:高等教育出版社,2006:288.

治教育及社会责任教育的内容、形式和方法等方面做了具体规定。为了让大学生毕业后能更好地融入社会,有效地承担社会责任,国家还提倡大学生积极参加社会实践活动,积累经验,增长能力。如:1987 年暑假,全国 100 多万大中专生在《关于广泛组织高等学校学生参加社会实践活动的意见》的指导下参加了"百县扶贫、学习社会"的社会实践活动,增强了"为中华之崛起而读书"的责任感。

2.2.2　市场经济下的纵深发展

社会主义市场经济体制在繁荣社会主义经济的同时也带来了不利影响,如个人主义、拜金主义、资产阶级自由化等思想,使部分人社会责任意识淡薄。这种不良社会风气也影响到大学生的思想。因此,国家改进和加强了高校大学生思想政治教育和社会责任教育,重新规划学校德育体系。这一时期国家颁布了一系列相关文件。如:1990 年的《关于加强高校党的建设的若干意见》,1991 年的《关于加强和改进高等学校马克思主义理论教育的若干意见》,1993 年的《中国教育改革和发展纲要》和《关于加强高校党的建设和思想政治工作的若干意见》,1994 年的《爱国主义教育实施纲要》和《中共中央关于进一步加强和改进学校德育工作的若干意见》,1995 年的《关于高校马克思主义理论课和思想品德课教学改革的若干意见》和《中国普通高校德育大纲(试行)》,1998 年的《关于普通高等学校"两课"课程设置的规定及其实施工作的意见》,1999 年的《关于深化教育改革,全面推进素质教育的决定》和《中共中央关于加强和改进思想政治工作的若干意见》。以上文件的一个宗旨就是:通过思想政治教育、社会责任教育,"特别是坚持四项基本原则,反对资产阶级自由化的教育"[①],端正大学生思想,使其能更好地承担社会主义市场经济条件下的社会责任。此外,1997 年实施的《关于开展文化科技卫生"三下乡"活动的通知》鼓舞着大学生奔赴田间地头。在这一新的历史时期,建设现代化强国是人民群众的历史使命,也是大学生国家责任意识的重要内涵。

2.2.3　和谐社会构建中的全新发展

这一期间,国家主要从大学生思想政治理论课、大学生心理健康教育、大学

---

① 王树荫.中国共产党思想政治教育史[M].北京:中国人民大学出版社,2011:268.

生网络思想政治教育方面对大学生进行思想政治教育和社会责任教育,颁布了一系列文件。如:2004 年的《关于进一步加强和改进大学生思想政治教育的意见》和《关于进一步加强高等学校校园网络管理工作的通知》,2005 年的《关于进一步加强和改进高等学校思想政治理论课的意见》《关于调整增设马克思主义理论一级学科及所属二级学科的通知》和《关于进一步加强和改进大学生心理健康教育的意见》。此外,大学生参加志愿服务活动越来越多,"自 2003 年'大学生志愿服务西部计划'实施以来,截至 2013 年,共选派 11 批 9 万名高校毕业生到中西部 22 个省(区、市)及新疆生产建设兵团 2100 多个县服务"[①],大学生的社会责任感日益加强,社会责任教育成效显著。

大学生社会责任教育不是一般的知识教育,在某种程度上是一种社会意识形态教育。不同历史时期,社会意识形态都不同,不同历史时期的社会任务都不同,因此,不同历史时期的社会责任也不同。

2.3　党的十八大以来的教育实践活动

2.3.1　中华民族伟大复兴的中国梦

伴随着中国现代化进程的不断深化,大学生承担社会责任的深度和广度也日渐拓展。党的十八大以来,我国进入中国特色社会主义新时代,世界各国的联系日益密切,国内主要矛盾发生新的变化。针对当代中国社会主体和利益多元化、异质性生成等新情况、新问题、新特点。尤其是中华民族的伟大复兴进入了历史的关键期和攻坚期,大学生的社会责任就转化为实现中国特色社会主义现代化的建设者和中国梦的筑梦者,将两个"一百年"的伟大目标融入大学生的历史使命中去。时代背景与时代任务的不同,赋予大学生不同的时代内涵。中国特色社会主义新时代背景下所赋予青年大学生的国家责任蕴含在习近平总书记的系列重要讲话中。在党的十九大召开前,习近平总书记就明确提出:"实现中华民族伟大复兴的中国梦,需要一代又一代的有志青年持续奋斗。"[②]教育是大学生社会责任感获得的重要来源,主要通过知识技能的习得、行为规范的养成和价值观的形成来实现。教育具备教书和育人双重属性,既要承担传递知识技能,

①　魏海苓.责任与担当:大学生社会责任感养成机制研究[M].北京:知识产权出版社,2016:94.
②　习近平.在知识分子、劳动模范、青年代表座谈会上的讲话[OL].新华社,2016-4-30.

又要实现培养人才的根本任务。高校教育作为一项培养国家所需的特定人才的途径和方式,必然要立足教育属性本身,一方面是通过知识传授,提高大学生知识和技能,另一方面是强化大学生社会认同,承担社会责任和时代所赋予的历史使命。新时代大学生的社会责任感集中体现在为实现中华民族伟大复兴的中国梦,为国家的富强、民族的复兴和人民的幸福而努力奋斗,这是对大学生社会责任教育的双重属性的最直接概括。

2.3.2　积极推动构建人类命运共同体

伴随着"全球化"进程的加速,大学生的社会责任感及其培育也更具时代性的价值指向,社会责任感逐渐超越社会、国家的传统语境,向以"共在、共存、共生"为追求的"人类命运共同体"转变。2014 年,习近平总书记在北京大学师生座谈会上指出,"要勤于学习,敏于求知,注重把所学知识内化于心,形成自己的见解,既要专攻博览,又要关心国家、关心人民、关心世界,学会承担社会责任。"①大学生社会责任感在世界以及人类命运层面获得了更多的诠释和规定。新时代,以人类命运共同体作为大学生社会责任感培育的重要理念,就是积极引导大学生关注人类的发展,培养全球视野和国际责任意识,使新时代的大学生更加客观理性地看待当今的中国和世界,抛弃狭隘的价值取向,胸怀天下,站在全球人类共同发展的国际大视野下、大格局下,以更加主动自信的姿态面对世界。要更好地引导大学生了解中国在人类命运共同体中的角色和承担的历史使命,同时更加明确当今世界所面临的各种风险和挑战,积极谋求在本国发展中促进各国共同发展。引导大学生以"人类命运共同体"的新视角,寻求人类共同的利益和共同的价值,体现中国在国际事务中的博大胸襟和历史担当。

---

① 习近平.青年要自觉践行社会主义核心价值观——在北京大学师生座谈会上的讲话[N].人民日报,2014－05－05.

第 3 章　价值引领大学生社会责任感培育的意义

　　大学生作为最具有活力、有理想、有文化的一类群体，是国家的希望和民族发展的未来，受到党和国家的重视。马克思、恩格斯等伟大的马克思主义者及党和国家领导人对大学生都寄予了殷切希望，对此都有相关论述。

　　马克思在青年学生时代就以为全人类服务的崇高理想为己任，主动承担改造社会的责任。其思想集中体现在他为中学毕业而写的《青年在选择职业时的考虑》一文中。他在文中说道："认真地考虑这种选择——这无疑是开始走上生活道路而又不愿拿自己最重要的事业去碰运气的青年的首要责任。"[①]这实际上指出了，承担起自己对自己的职业责任是承担起自己对社会的责任的基础。1893 年 12 月 22 日至 25 日，国际社会主义者大学生代表大会在日内瓦举行。恩格斯因事没能参加，就写了封贺信。恩格斯在信中谈到两点：一是大学生要承担起使自己成为"脑力劳动无产阶级"的责任。恩格斯希望此次大会"能使大学生们意识到，从他们的行列中应该产生出脑力劳动无产阶级"[②]。"应该"恰恰说明了恩格斯对大学生应承担责任的明确态度。二是大学生要承担起掌握实际知识的责任。关于大学生的学习内容，恩格斯在信中写道："而工人阶级的解放，除此之外还需要医生、工程师、化学家、农艺师及其他专门人才。"[③]这启示新时代大学生除了在思想政治方面承担社会责任外，还要从掌握实际本领方面承担建设社会的责任。大学生社会责任教育的重要意义具体可以从宏观、中观、微观三

①　许庆朴.马克思主义原著选读[M].北京:高等教育出版社,1999:3.
②　许庆朴.马克思主义原著选读[M].北京:高等教育出版社,1999:5.
③　马克思,恩格斯.马克思恩格斯选集:第四卷[M].北京:人民出版社,2012:301.

个层次来考察。

3.1　宏观层面

大学生社会责任教育的重要性从宏观层面指大学生社会责任教育对国家和社会的重要作用,具体包括以下两方面。

3.1.1　实现中国梦的精神动力

梦想是人们对未来的一种美好期望,是一种必须付出努力才能实现的未来状态,是一种让人们感到坚持就是幸福的人生信仰。在电视节目当中也有一些关于梦想主题的选秀节目,如:中国梦想秀、中国达人秀等。这些节目为人们实现梦想搭建了一个平台。可见,人是要有梦想的,人类因梦想而美丽,梦想是人类永恒的主题。梦想有大小高低之分,有个人梦想、家庭梦想、职业梦想、社会梦想、国家梦想。在当今,党领导全国人民实现中华民族伟大复兴中国梦是最伟大的梦想。"中华民族伟大复兴中国梦"包含国家富强梦、民族复兴梦、人民幸福梦,是全体中华民族的梦,是全体中华儿女为之努力奋斗才能实现的梦。这表明中国梦的提出不是空穴来风,有一定的渊源。新时代大学生是实现中华民族伟大复兴中国梦的主要力量,大学生社会责任教育对实现中华民族伟大复兴中国梦有重要作用。

(1)大学生社会责任教育能更好地学习传承中华民族精神,促进中国梦的实现。中国梦是中华民族的梦。中华民族是一个政治术语,指的是包括汉族在内的 56 个民族的统称,不是 56 个民族简单相加的数量意义上的集合体,而是自古以来 56 个民族在不断交往、不断融合过程中形成的有共同经历、共同文化、共同精神的集合体。中华民族在漫长的历史长河中逐步形成了爱国主义精神、创造精神、奋斗精神、团结精神、梦想精神。这些精神是中华民族精神的生动体现。这些中华民族精神正是在各民族担当国家和社会责任中形成的。一是爱国主义精神。爱国主义是一种对于自己生长的国土和民族所怀有的被整个民族心理所认同的依恋之情。在大学生社会责任教育中,我们可以对大学生进行爱校主义教育,培养大学生对于自己学习、工作和生活的学校怀有一种热爱、依恋之情,在此基础上扩展到爱社会、爱国家。二是创造精神。创新创业教育是新时代大学生在高校受教育的主要内容之一。创新创业在社会各个领域、各个行业都存在，因此任何专业的大学生都应该接受创新创业教育，培养自身的创造精神。创新创造是个人投身于社会事业的行为，社会责任感的培育为大学生自觉主动创新创造提供了坚强动力。三是奋斗精神。人没有奋斗精神就不能创造美好生活，社会没有奋斗精神就不能发展进步，国家没有奋斗精神就不能屹立世界民族之林。一个没有奋斗精神的人很难说能担当起责任，而社会责任感有助于增强奋斗精神。四是团结精神。随着社会分工的精细化，单靠一人之力难以完成。担当社会责任重在行动，行动重在人们之间的团结合作。大学生社会责任教育有助于促进大学生的团结协作精神。五是梦想精神。梦想是前进的动力。新时代大学生大多数对人生都充满期待，整体上积极乐观进取，这是新时代大学生梦想教育的有利因素。新时代大学生社会责任教育只有将担当社会责任融入自己的梦想当中，社会责任担当才有激情、动力，梦想才有具体的内容。

（2）新时代大学生社会责任教育有助于实现伟大的中国梦。中国梦的伟大体现在以下方面。一是实现中国梦要进行伟大斗争。从新民主主义革命时期党领导人民寻求救国救命的伟大斗争，到社会主义建设中党领导全国人民进行了社会主义改造、改革开放的伟大斗争。新时代，党领导全国人民进行着全面建成小康社会、实现中国梦的伟大斗争。二是实现中国梦要建设伟大工程。这里的伟大工程是指党的建设伟大工程。历史证明中国共产党的领导是历史和人民的选择，是中国特色社会主义的本质特征，也是中国特色社会主义的最大优势。党的建设这一伟大工程包括党的政治建设、党的组织建设、党的思想建设、党的作风建设这四大子工程。实现中国梦是中国历史的必然走向，是人民的期望，是中国特色社会主义的本质和优越性的体现。三是实现中国梦要推进伟大事业。这里的伟大事业指的是中国特色社会主义伟大事业。推进伟大事业需要坚定不移地走中国特色社会主义道路，树立中国特色社会主义道路自信、理论自信、制度自信、文化自信，继续统筹推进"五位一体"总体布局、协调推进"四个全面"战略布局。因此，中国梦不仅仅是个人的梦，也是国家的梦、民族的梦，新时代大学生社会责任教育要培养大学生的伟大斗争责任、建设伟大工程的责任、推进伟大事业的责任，中国梦才能得以实现。

（3）新时代大学生社会责任教育对实现中华民族伟大复兴提供不竭动力。复兴意味着衰弱后再兴盛起来，是一个从兴盛到衰弱再到兴盛的螺旋式上升过程。中国梦是复兴的梦,意味着中国梦在中国历史上曾经出现过,中国要经历从兴盛到衰弱再到兴盛的过程。从历史来看,唐朝应该是中国古代历史上,当时世界上最强盛的国家。唐朝版图最大,科技、经济、文化、外交都很发达,先后经历贞观之治、开元盛世的盛唐时期。周边许多国家在经济、政治、文化等方面都受到唐朝的影响。"唐人""唐装""唐诗""唐人街"等一些我们耳熟能详的一些词汇,从侧面也反映出当时唐朝的地位和国内外影响力。近代中国的衰落从清朝晚期开始,最显著的标志就是鸦片战争。鸦片战争标志着中国开始进入半殖民地半封建社会,从此中国人民生活在水深火热之中。自此,中国人民开始了艰苦而漫长的反帝反封建斗争,但都以失败而告终。自从中国共产党成立后,中国的反帝反封建斗争焕然一新。在经过新中国的建立和改革开放,中国日益走向兴盛。新时代,中国提出了实现中国梦的目标,意味着中国开始踏上了新的兴盛之路。以盛唐时期为代表的中国古代的辉煌和国际影响是新时代大学生引以为豪的,通过这些辉煌历史的教育,让新时代大学生感到有责任再现中国辉煌的过去。同时,近代历史上中国的衰弱也可以被视为一种对新时代大学生社会责任教育的契机。如果把中国古代的辉煌看成是顺境,那么中国近代的衰弱则可以看成逆境。抓住这一逆境对新时代大学生进行荣辱观教育、艰苦奋斗教育、自立自强教育,可以使新时代大学生化悲痛为力量,化耻辱为动力,为担当社会责任提供精神驱动力。

3.1.2　社会治理体系和治理能力现代化的现实诉求

社会治理是政府、社会组织、企事业单位、社区以及个人等诸行为者,通过平等的合作型伙伴关系,依法对社会事务、社会组织和社会生活进行规范和管理,最终实现公共利益最大化的过程。社会治理的主体就是政府、社会组织、企事业单位、社区以及个人等。社会治理的客体就是社会事务、社会组织和社会生活等领域。社会治理主体间的关系是一种平等合作型的伙伴关系。社会治理的原则是依法依规进行规范管理。社会治理的目标是实现公共利益最大化。因此,在一定程度上来说,社会治理主体、社会治理客体、社会治理主体间关系、社会治理原则、社会治理目标这五要素构成了社会治理体系。如果给社会治理体系下个定义的话,可以阐述为:社会治理体系就是社会治理主体在一定的社会治理主体间关系中,按照一定的社会治理原则对一定客体实行系统的社会治理,实现一定的社会治理目标。社会治理能力需要以社会治理体系为依托,社会治理能力不是一项单一能力,而是体系能力。如果把构成社会治理体系的五要素看成五个部分,那么社会治理体系则可以看成一个整体。根据整体与部分关系的原理可知:整体功能之和不等于各部分功能之和简单、机械地相加,整体功能大于各部分功能之和。因此,社会治理能力也并不等于社会治理体系中每一个要素的简单相加,而是要体现在社会治理体系总体能力上。可以说,社会治理体系本身就是一种社会治理能力。

关于社会治理体系和治理能力现代化,党和国家提出了许多对策。如:十八届三中全会决定要求"创新社会治理体制";十八届四中全会提出要提高社会治理法治化水平;十八届五中全会提出要加强和创新社会治理。建设平安中国,完善党委领导、政府主导、社会协同、公众参与、法治保障的社会治理体制,推进社会治理精细化,构建全民共建共享的社会治理格局。十九大报告提出"打造共建共治共享的社会治理格局""加强社会治理制度建设,完善党委领导、政府负责、社会协同、公众参与、法治保障的社会治理体制,提高社会治理社会化、法治化、智能化、专业化水平"。2019年10月召开的中国共产党第十九届中央委员会第四次全体会议,是在中华人民共和国成立70周年之际、在"两个一百年"奋斗目标的历史交汇点上召开的一次具有开创性、里程碑意义的重要会议。会议鲜明的主题就是坚持和完善中国特色社会主义制度,推进国家治理体系和治理能力现代化。可见,党和国家非常重视社会治理体系和治理能力现代化这一课题。理想的社会治理状态是善治,善治的特征是合法性、透明性、责任性、法治、回应和有效。

社会治理体系和治理能力现代化建设是一项系统工程,任务艰巨,责任重大,必须提升大学生社会责任感教育。在社会治理视域下,大学生的社会责任教育被赋予了更多新的色彩:民主参与、多元主体共治、对社会责任的公共理性认同、公正而尽责的校园文化建设、服务社会的责任长效运行机制等等,体现了大学生社会责任教育的现代性维度。关于治理与社会责任教育的关系研究,主要认为社会责任的重要维度是积极维护民主政治:民主法治制度的建立和运行不仅取决于政治构架,更取决于公民的性质、公民的道德。民主法治制度为每一个公民提供了大量进行判断、选择和行动的机会,公民个体如果没有相应的文化水平和道德素质,不能通过承担相应的道德责任进行理性的判断、选择和行动,民主法治制度就不能进步,甚至不能维系。特里·L.库柏认为,公民的核心责任之一是参与建构政体的过程。在这里,参与的质量和类型比单纯的参与数量更为重要,因此,参与不能仅仅限制在投票、运用选举制度或投入政治活动中。它要求一个可以在其中交流思想的政治社群,以便维持民主的建构和政体重构。阿伦特认为,每个社会成员只有行使了公民责任和义务,才算是一个真正的公民。换言之,不行公民之职即不是公民。公民是一种行为,一种实践,不只是一种形式身份。

从以上论述中可以看出新时代大学生社会责任教育对社会治理体系和治理能力现代化的重要性体现在以下三个方面。

(1)新时代大学生社会责任教育本身是教育治理体系和治理能力现代化的题中之义。社会治理是全社会各部门及个人共同参与的共同、共享治理,涉及社会经济、政治、文化、生态等各方面,教育自然也属于社会治理中的一部分。因此,社会治理体系和治理能力现代化包括教育治理体系和治理能力现代化。教育治理也需要教育主管部门、学校、家庭、个人、社会等各方面的参与。教育主管部门为新时代大学生社会责任教育制定规划、监督实施、保障方向;学校是新时代大学生社会责任教育的承担者,负责具体实施;学生个人是新时代大学生社会责任教育的受教育者和自我教育实施者,需要发挥自我教育的主观能动性;社会是新时代大学生社会责任教育的载体。因此,新时代大学生社会责任教育涉及教育主管部门、学校、家庭、个人、社会等各方面,这些方面的有机协调、紧密配合是教育治理体系和治理能力现代化的体现。

(2)新时代大学生社会责任教育也是一种公民责任和义务的教育。各个国家对教育的共同要求就是培养能履行国家宪法所规定的职责、义务,能担负国家和社会责任的公民。德国教育家凯兴斯泰纳提出教育要以培养"公民"为目标,公立学校要培养"有用的国家公民"。"有用的国家公民"应该了解国家的任务、明确自己的职责、掌握必要的技能、承担国家给的工作、具备国家所要求的品德、服从国家利益。我国教育的目的就是培养"有理想、有道德、有文化、有纪律"的德、智、体、美、劳等全面发展的社会主义事业建设者和接班人,即合格的公民。从定义上来说,公民是指具有某一国国籍的,在享有该国法律规定的权利的同时,必须履行该国法律规定的责任和义务。公民享有的权利也是为公民更好地履行责任和义务服务。新时代大学生社会责任教育要以公民责任和义务教育为主要内容。

（3）新时代大学生社会责任教育能促进新时代大学生的社会参与。按照美国著名教育家和心理学家布卢姆关于教育目标分类理论，可以把教育目标分为认知、情感和动作技能三个领域。社会责任教育目标也可以分为社会责任认知、社会责任情感和社会责任动作技能（社会责任动作技能实际上就是担当社会责任的能力，回答的是"以何种本事"来担当的问题）。可见，社会责任教育是一种多方面的综合性教育。社会参与也是一种多层次多方面的参与。多层次体现在社会参与是一个从低层次向高层次的过程，即：从对社会参与的认识到实际的社会参与。这类似于教育目标中的先认识，才能产生情感，最后做出行动。多方面体现在经济参与、政治参与、文化参与、生态参与等方面。新时代大学生社会参与要根据大学生自身特点和时代特点有选择性地进行有效参与。然而这需要对新时代大学生社会责任进行有效教育。

3.2　中观层面

高校思想政治工作是高校一切工作的生命线，对高校的发展至关重要。新时代大学生社会责任教育的重要性从中观层面来说体现在以下方面。

3.2.1　高校思想政治工作重心所在

高校思想政治工作主要包括两方面：一是高校思想政治教育，主要指高校思想政治理论课。二是高校思想政治教育之外的思想政治工作，主要指高校思想政治理论课的规划设计，高校共青团工作，高校课外实践活动，高校教职工、行政管理人员的政治教育，等等。大学生社会责任教育对高校思想政治工作的重要性体现在以下方面。

（1）大学生社会责任教育是高校思想政治工作的一项重要内容。高校思想政治教育是高校思想政治工作的重中之重。通过思想政治教育，提高高校思想政治工作相关人员的思想政治素质，有利于使他们自觉做好高校思想政治工作的方方面面。高校思想政治工作归根到底是做人的工作，高校思想政治教育归根到底也是做人的工作，让大学生成为对国家对社会有用的人，那么，对国家和社会的责任意识和责任感就是思想政治工作的题中应有之义。除此之外，高校思想政治工作的其他内容也与社会责任感培育密切相关。

第一,高校思想政治工作指导思想的宣传与社会责任感关联。高校思想政治工作的指导思想包括马克思列宁主义、毛泽东思想、邓小平理论、"三个代表"重要思想、科学发展观、习近平新时代中国特色社会主义思想及习近平关于高校思想政治工作重要论述。高校思想政治工作要确保方向正确,就必须在高校宣传这些指导思想并认真学习领会。提升大学生的社会责任感有助于积极主动理解领会上述指导思想。

第二,坚持和落实高校思想政治的原则性工作与社会责任感关联。高校思想政治的原则性工作包括坚持党对高校思想政治工作的领导,把党的建设贯穿高校思想政治工作始终。坚持高校思想政治工作的社会主义方向,坚持马克思主义指导地位,坚持以全校师生、教职工为中心,更好地为现代化高校建设服务。坚持思想政治工作的全员全过程全方位育人理念,形成思想政治理论课育人、思想政治工作科研育人、思想政治教育实践育人、思想政治工作管理育人相互配合的长效机制。大学生只有树立坚定的社会责任感才能正确理解和贯彻上述原则。

第三,加强高校思想政治工作的价值引领与社会责任感关联。高校思想政治工作要引领高校社会主义核心价值观,中华优秀传统文化、革命文化、社会主义先进文化,高校思想政治理论课,高校马克思主义学院建设等方面工作的落实。

第四,做好高校哲学、社会科学等学科专业的思想政治教育工作。将思想政治教育融入哲学、历史学、政治学、法学、经济学、社会学、民族学、人口学、宗教学、新闻学、心理学等学科,并加强这些融合学科的教材教学体系的开发。培养大学生社会责任感有助于自觉树立和践行社会主义核心价值观。

第五,全面深化高校思想政治工作改革创新与社会责任感关联。以改革创新精神推动高校思想政治工作,加强学生互动社区、主题教育网站、课外实践活动,组织师生参加社会实践活动,加强实践教学基地建设。坚持思想政治教育与解决实际问题相结合,建全高校思想政治工作评价体系。更好地推进高校思想政治工作和大学生社会责任感培育既离不开高校教职工的不懈努力,也离不开大学生自身的努力。

(2)新时代大学生社会责任教育能提高高校思想政治工作的成效。高校思想政治工作是一项系统工程,需要各部门各方面紧密配合。新时代大学生社会责任教育的主渠道是高校思想政治理论课,四门公共政治理论课要有效地衔接,相互补充。如:在"思想道德修养与法律基础"这门课程中,当学习"绪论"中"我们处在中国特色社会主义新时代"时,可讲授"新时代"含义及特征、新时代对大学生意味着什么等内容;在学习"时代新人要以民族复兴为己任"时,可结合"新时代大学生社会责任教育"这一主题。在"马克思主义基本原理概论"这门课程中,当学习"事物的普遍联系与永恒发展"这一章和个人与社会的辩证关系等内容时,可联系社会责任、家庭责任、个人责任,讲授"社会责任、家庭责任、个人责任的普遍联系和永恒发展"。在"毛泽东思想和中国特色社会主义体系概论"这门课程中,可结合新民主主义革命时期的社会责任是"革命",社会主义建设时期的社会责任是"建设",新时代中国特色社会主义时期的社会责任是"中国梦"来讲授。在"中国近现代史纲要"这门课程中,可从青年、大学生等进步人士争取国家解放、民族独立的斗争史中,揭示他们的社会责任感。可以以这些勇于担当社会责任的青年、大学生等进步人士为榜样,进行新时代大学生社会责任教育。在"形势与政策"这门课程中,可结合热点难点问题进行引导,如,可引导大学生思考讨论中美贸易摩擦对新时代大学生担当社会责任的启示等问题。

高校教职工、行政管理人员是大学生社会责任教育的重要组成部分,教育的双向性特征使他们在对大学生进行社会责任教育的同时,自身的社会责任感也得到一定提高,因而更有利于新时代大学生社会责任教育和高校思想政治工作的开展。高校共青团是大学生社会责任教育的重要载体,是团结教育高校内广大大学生的核心力量,受上级团组织和高校基层党组织的领导。大学生社会责任教育的有效开展能够更好地推进高校共青团工作的顺利开展。共青团的工作任务是在中国共产党领导下,发挥高校共青团员的带头示范作用,引导大学生用中国特色社会主义思想武装头脑,积极参加各类活动,促进他们身心健康发展。共青团要以培养大学生先进性、使命感和责任感为核心,营造良好的校园育人环境。

3.2.2　高校发展的使命所赋

西塞罗曾说:"生活的全部高尚在于对责任的高度重视,而耻辱在于对责任的疏忽。"①重视大学生社会责任感培育能有效促使他们自觉学习、践行核心价值观,对于高校的人才培养意义重大。核心价值观与社会责任感均属于意识范畴,具有高度的内在契合性。培育大学生的社会责任感,并不仅仅是提高他们个人的责任感,而是以全体学生自觉的责任意识的提升为目标。假如大学生缺乏对自身以外的他人的责任情感,只靠对个人责任的简单认识、理解,根本就不会形成责任行为,也就不会对国家、社会做出贡献,承担其应有的责任。

社会责任感在不同时代都有不同的内容,当前则体现在对核心价值观的积极践行,践行的过程又需要强烈的责任感作支撑。反之,核心价值观的学习、教育也是社会责任感培育的过程。整体来说,它们在实践中彼此影响交融。发展是硬道理,在当前"双一流"高校建设及各类高校排名的大背景下,各高校都在利用一切可利用的资源,促进自身发展。发展意味着前进,前进一方面需要发挥引力的牵引作用,另一方面又需要发挥推力的助推作用。前进的道路是曲折的,也避免不了上下起伏,这样,有可能引力和推力的方向不一致。因此,为了保证引力与推力发挥在同一水平上的同向合力作用,需要设置一种方向力,以保证引力和推力的正确方向。高校的发展也是如此,需要发挥引力、推力、方向力的共同作用。我们知道,力的产生需要施力者。同样,高校发展的施力者之一就是新时代大学生社会责任教育。

(1)新时代大学生社会责任教育是高校发展的引力。高校发展要走内涵式发展道路,内涵式发展需要提升高校文化内涵,这就需要加强高校文化建设,发挥高校文化引力的作用。我国高校发展在取得举世瞩目成就的同时,也出现了一些诸如功利化发展、竞技化教育、空壳化内涵等问题。这些都与高校文化建设有关,而高效文化建设的关键是增强高校文化自信。如果说"没有高度的文化自信,没有文化的繁荣兴盛,就没有中华民族伟大复兴"②,那么也可以说"没有高度的高校文化自信,没有高校文化的繁荣兴盛,就没有高校的长远发展"。高校文化自信和高校文化繁荣是高校发展的题中之义。高校文化自信体现在多个维度和多个领域。高校文化建设是高校文化自信的重要组成部分。加强高校文化建设,展示并宣传高校文化建设的辉煌成就,有利于增强高校文化荣誉感,提升

---

① 　西塞罗.论老年 论友谊 论责任[M].北京:商务印书馆,1998:128.
② 　习近平.决胜全面建成小康社会　夺取新时代中国特色社会主义伟大胜利[M].北京:人民出版社,
　　2017:41.

高校文化自信。高校文化自信的提高反过来推动高校文化建设,二者相互促进。大学生是高校的主体,占高校人数的绝大部分,也是高校文化的主要建设者和受益者。在某种程度上说,大学生的整个文化形象代表着这所高校的文化。因此,新时代大学生对塑造自身良好的文化形象负有义不容辞的责任,高校文化建设要抓好新时代大学生的文化形象塑造工程。而抓好新时代大学生的文化形象塑造工程,除了要系统规划、整体推进、突出重点,还要加强新时代大学生社会责任教育。

(2)新时代大学生社会责任教育是高校发展的推力。推力一般在事物的后面起推动作用。高校发展除了在前面起牵引作用的引力之外,还有在高校发展后面起推动作用的推力。推力的产生源于一种倒逼机制。高校发展也有两种倒逼机制。一是"双一流"建设带来的倒逼机制。"双一流"建设,即:世界一流大学和一流学科建设。这是国家为建设教育强国,继"211 工程""985 工程"之后的又一国家战略。这有利于提高高校的综合实力和国际竞争力,为实现中华民族伟大复兴中国梦提供智力支持。各高校都把争取入选"双一流"作为自己的奋斗目标。另外,"双一流"高校的遴选也会打破终身制。这在给高校发展带来机遇的同时,也给高校带来了一定的压力,这就倒逼着高校要不断进取。二是高校排名带来的倒逼机制。"排名"现象在当今竞争社会具有普遍性,这是竞争的结果,也是发展的动力。高校领域也存在各级各类排名。如,世界 100 所著名大学排行榜,各个国家的大学排行榜,中国校友会对国内大学的排名,等等。还有分门别类的排名,如综合类高校排名、理工类高校排名、财经类高校排名。高校排名是高校综合实力的显性表现,关系到高校发展所需各种资源的获得,也关系到生源质量。面对各种排名,没有一所高校甘愿落后,这就倒逼着高校丝毫不能放松。高校发展的任务一部分落在新时代大学生的肩上。新时代大学生在担当社会责任,实现中华民族伟大复兴中国梦的同时,也要担当起促进高校发展的责任。因为中华民族伟大复兴中国梦也包括高校的发展之梦。

(3)新时代大学生社会责任教育是高校发展的方向力。我国是工人阶级领导的人民民主专政的社会主义国家。因此,我国高校发展要朝着这一方向。具体来说:第一,我国高校发展要始终坚持中国共产党领导。中国共产党是中国革命、建设事业的领导核心,中国共产党是中国社会主义事业的领导核心。中国共产党自从成立之后,就一直担当起反帝反封建、建设新中国的历史责任。中国共产党历来也重视加强和改进党的建设。无论是党的组织建设、思想建设、作风建设，最终目的都是提高党的革命能力和执政能力，更好地担当起自身的社会责任。新时代大学生大多数积极上进，要求进步，积极入党，加强和改进新时代大学生社会责任教育是未来党的重要有生力量。第二，我国高校发展要将人民民主与专政相结合。我国一直都有"家国同一"的思想传统，家即是国，国即是家。我们知道，人具有社会性，人的多重角色来源于不同组织单元。大学生隶属的最大组织就是国家，其次是高校，最后是家庭。大学生是人民当中的一个群体，也是高校中的主体，大学生社会责任教育有利于大学生承担时代所赋予的社会责任，为我国高校坚持社会主义办学方向的发展贡献力量。

3.3　微观层面

家庭和个人相对于国家和高校来说是一对微观范畴。大学阶段是法律和政治框架内成人的关键阶段，也是大学生身心由不成熟走向成熟的阶段。同时大学生也是一个矛盾复杂体，一方面有一定的独立性，另一方面又有一定的依赖性。一定的独立性指的是在一定程度上独立于家庭，主要是空间与时间上独立于家庭。一定的依赖性指的是在一定程度上依赖于家庭，主要是经济上和亲情上的依赖。另外，鉴于大学生处在向成人过渡阶段，思维、认知等方面都具有某些成人特性，而成人面临着就业、结婚、生子的人生主题与人生压力，这势必催生责任意识，落实到大学生个人。因此，新时代大学生社会责任教育的微观重要性体现在以下方面。

3.3.1　强化家庭责任

家庭是社会的细胞，家庭责任也是社会责任的一部分。一个不能很好担当起家庭责任的人很难指望其能够很好地担当起社会责任。在全面建成小康社会，实现中华民族伟大复兴的时代，更要从小范围入手，只有家庭小康，才能为全面建成小康社会贡献力量，为实现中华民族伟大复兴添砖加瓦。大学生社会责任教育对大学生家庭的重要性体现在以下两个方面。

（1）大学生社会责任教育有助于增强家庭的荣誉感。孩子既是祖国的未来、国家的栋梁，又是家庭的荣誉所在。我国自古以来就有"学而优则仕""万般皆下品,唯有读书高"的思想,通过读书考取功名是我国长达几千年封建社会中家庭的梦想。学习责任是新时代大学生所要担当的一个重大责任。大学生要自觉把学习习近平新时代中国特色社会主义思想作为自己的一大学习责任,并自觉以习近平新时代中国特色社会主义思想为指导,建设好、发展好、维护好家庭发展。

（2）大学生社会责任教育是家庭教育的重要组成部分。一个人一生所接受的教育一般包括家庭教育、学校教育、社会教育。其中,家庭教育对一个人起着启蒙作用,对一个人一生有着深远影响,在一定程度上影响到学校教育、社会教育的成效。在"初生家庭"中,父母是孩子的第一任老师。父母以高度的责任感抚养教育孩子,并同样以高度的责任感赡养其父母。这种尊老爱幼的良好家风多少都会在孩子的心灵留下痕迹,继而影响到孩子读大学时的责任思想。"高校应致力于培养学生感恩家庭、感恩父母的责任意识"[①]。在进入社会以后,大学生在"初生家庭"中家庭责任教育的成果会在以后的生活工作中继续发挥作用。一个大学生如果是在一个父母婚姻稳固、关系和睦、彼此忠诚的家庭成长起来的,一般而言,其对自己以后所组建的家庭,对自己的爱人和感情也会认真责任,这就是家庭氛围的塑造结果。

3.3.2 增强"公民"身份

每一个个体都是多重角色的综合体,大学生具有"子女""大学生""公民"等多种身份,其中"公民"身份从出生有了合法的国籍就有了这个身份。大学生"公民"身份塑造需要通过公民教育来进行。公民教育可以从不同角度来理解:从受教育主体角度看,公民教育可以理解为公民受到的教育,这层意义上的教育包括学前教育、义务教育、高等教育以及在职教育、成人教育、校内外等各种教育。从实质内容来看,公民教育可以理解为根据一个国家或社会的要求,培养所属成员的爱国心、公德心、责任心以及履行公民权利和义务,承担相关责任的品格和能力。根据公民的内涵特征,公民教育的内涵有以下三方面理解:①从公民教育对象方面来理解。公民教育在某种意义上可以理解为对公民的教育,但由于公民具有身份相对性特点,某个人在某一时刻某一地点是公民,也许在另一时刻另一地点不是公民,这是我们无法预料的,所以公民与非公民都是公民教育的对象。

---

① 胡伟国,章志图.加强民办高校大学生责任教育的实践探索[J].教育研究,2013(4):156.

②从公民教育内容方面来理解。公民教育的内容包括培养公民对国家制度、法律法规、方针政策以及对国际法、国际各类组织颁布的国际条例的合理认同和国家、国际主体意识,也包括公民积极参与国家、国际事务的理论知识、实践能力内容,还包括权利义务相统一、民主法治、平等、自由等观念的培养。③从公民教育目标方面来理解。公民教育的目标是培养有公民意识、有公民觉悟、有公民能力、有公民行动的"四有"公民,包括国家公民和世界公民。尽管对公民教育存在多种理解,但总的来看,公民承担着多种社会责任。公民教育在某种意义上也是一种社会责任教育。因此,公民教育对大学生社会责任教育及新时代大学生"公民"身份塑造有重要作用。

(1)大学生社会责任教育是大学生个人"公民"身份塑造的必然路径。从公民的概念看,公民指具有某国国籍,并根据该国法律规定享有权利和承担义务的人。公民的政治权利指公民依法享有参与国家政治生活的权利。具体有:公民的选举权和被选举权,参与国家管理的权利。公民的基本义务是国家对公民最重要和最基本的法律要求,是公民必须履行的最基本和最主要的责任。具体有:维护国家统一和各民族团结;遵守宪法和法律,保守国家秘密,爱护公共财产,遵守劳动纪律,遵守公共秩序,尊重社会公德;维护祖国的安全、荣誉和利益;保卫祖国、依法服兵役和参加民兵组织;依法纳税。从公民的义务看,公民义务的履行有利于社会和谐稳定地发展。从公民的权利看,公民权利的获得是履行公民义务,促进社会和谐稳定发展的前提。权利与义务的统一理所当然为新时代大学生社会责任的履行提供了理论基础,也坚定了新时代大学生社会责任教育的信心。

(2)大学生社会责任教育能加强大学生对"公民"身份的认同。身份认同是对主体自身的一种认知和描述,一般指个人对特定社会文化的认同和归属的认同,这种归属包括国家归属、集体归属、社会归属等。身份认同涉及我是谁、我从何处来、我要到何处去三个问题。身份认同主要是由主体的个体属性、历史文化和发展前景组成的文化认同。身份认同可以从三个维度进行分析:从集体维度看,公民的身份认同是在不同文化群体之间将一种文化群体视为自己的归属选择;从自我维度看,公民的身份认同是以自我为核心的自我心理和身体体验;从社会维度看,公民的身份认同是公民的社会属性。可见,大学生对"公民"身份的认同是一种文化认同,这种文化认同涉及大学生群体认同、个人认同和社会认同。众所周知,文化的传承主要靠教育,教育具有个体功能和社会功能。新时代大学生社会责任教育能传承古今中外有关社会责任的文化,促进新时代大学生的"公民"身份认同,有利于新时代大学生个体发展,也有利于新时代大学生承担社会责任,以负责任的态度促进社会发展。

(3)大学生社会责任教育能加强大学生对"公民"身份的践行。在新时代大学生对"公民"身份认同的基础上,通过社会责任教育使大学生对"公民"身份的认同向实践转化。大学生社会责任教育是否取得良好的效果不是看大学生们对社会责任教育相关知识的了解、情感的表达,而是看他们表现出的社会责任行为习惯。而社会责任行为习惯的养成要靠社会责任教育实现:一方面,大学生社会责任教育能融入大学生教育全过程,社会责任教育广泛存在于高校思想政治理论课、专业课、非专业课及课外活动之中,能落实到教育教学各方面和管理服务各环节,能形成课堂教学、校园文化、社会实践多位一体的育人模式。在社会实践方面,大学生社会责任教育能通过完善社会责任实践教育教学体系,开发社会责任教育实践课程和活动课程,加强社会责任教育实践育人基地建设。另一方面,大学生社会责任教育能融入大学生生涯发展实践和校园治理中。大学阶段是一个人生涯发展的重要阶段,发展好坏离不开生涯发展教育,尤其是责任教育。习近平指出:"幸福都是奋斗出来的。"中国特色社会主义建设进入新时代,这一新时代是"幸福"的时代,也是"奋斗"的时代。奋斗是对自己人生负责的一种态度,大学生社会责任教育也是一种负责任态度的教育。新时代的校园治理突出学生以平等身份同其他人员共同参与校园治理,体现了学生所应负的责任。

3.3.3　促进全面发展

大学生社会责任感的培育能够塑造大学生健全的人格。我国古代儒家思想中"格物致知、诚意正心、修身齐家、治国平天下"是对人的发展的最高期望。而在齐家、治国平天下前,一个人首先要立足实践,获得真知并发自内心地去坚持,端正个人的思想,修为自己的品性,进而提高自己的道德涵养,实现修身的目的以抵御外界的诱惑。由此可见,"修身"既是齐家、治国、平天下的出发点,又是格物、正心的落脚点,而"修身"的整个过程,就是塑造健全人格的过程。大学生健全人格的塑造,不单单依靠学历和文化水平,还需要较高的道德素养作为支撑,文化水平的高低并不能决定道德素养的高低,社会责任感培育在其核心上就是对一个人品德修养的培育。对大学生群体的社会责任感培育,有助于他们完善人格,帮助他们成长成才。增进大学生对社会责任的认知,是强化责任感培育的基础,大学生社会责任认知是指他们对社会责任的领悟和理解,是形成其社会责任感的前提。大学生对社会责任的认知,大多来自书籍和课堂学习等途径的间接习得,缺乏切身实践,因而不能准确地理解和把握到底什么是社会责任,以及怎么承担社会责任这些问题。必须通过组织他们积极参与丰富多彩的社会实践活动,鼓励他们走出课堂,走进社会,让他们在建设社会主义现代化强国的具体实践中去切身感受、发现当前社会存在的问题,并自觉寻求解决问题、承担责任的办法,引导大学生把社会主义核心价值观的基本内容转化为实际行动来强化他们的社会责任认知,才能达到较为理想的效果。

3.4　价值导向与社会责任感培育的逻辑关联

3.4.1　责任感的培育与价值导向目的相契合

1)责任感的培育与价值导向目的相契合的历史逻辑

大学生价值取向的多元化和社会责任自觉意识,价值导向下思想政治教育路径必须与大学生社会责任感构建相契合。社会主义核心价值观指引大学生社会责任感培育的方向,大学生作为我国特色社会主义事业的建设者和接班人,社会责任感的培育要结合他们自身的实际情况进行实践和研究,要以践行社会责任为目的。价值观体现了人们的理想和追求,是衡量善恶的基本准则,影响并制约着大学生的思想动机、行为规范和人生态度。核心价值观对大学生社会责任感培育的指导作用,隐含在他们思想意识的最深处,不易被人们察觉,但却对他们的情感、意志和心理有较强的影响。

毛泽东在谈到青年运动时指出:"中国反帝反封建的人民队伍中,有由中国知识青年们和学生青年们组成的一支军队……所以全国知识青年和学生青年一定要和广大的工农群众结合在一块,和他们变成一体,才能形成一支强有力的军队。"①在这段话中,毛泽东要求当时的青年学生们一定要担负起反帝反封建这一改造社会的责任,一定要与工农群众相结合。1998 年 5 月 4 日,江泽民在北

① 毛泽东.毛泽东选集:第二卷[M].北京:人民出版社,1991:565-566.

京大学建校 100 周年庆祝大会上指出："当代中国的广大青年,要继续继承和发扬五四运动的光荣传统,努力担当起振兴中华的历史使命。"①1994 年 12 月 5 日,胡锦涛在致中国青年志愿者协会成立大会的贺信中提到,中国青年志愿者协会的青年成员更要"勇敢肩负起历史重任,为把我国建设成为富强民主文明的社会主义现代化国家而努力奋斗"②。2002 年 5 月 15 日,江泽民在中国共产主义青年团成立 80 周年纪念大会上指出："社会主义现代化需要青年去建设,中华民族的伟大复兴需要青年去奋斗。青年一代要承担起历史责任"③并"以此为自己的神圣职责"④,同时希望"广大团员青年积极投身改革和建设的实践,以实现祖国的繁荣富强为己任"⑤。这至少表明两点:①社会责任是神圣的、伟大的、光荣的;②社会责任是要建设我们伟大的祖国。1999 年 5 月 4 日,胡锦涛在纪念五四运动 80 周年大会上号召"当代青年要肩负起时代赋予的崇高责任,一定要认清形势,勇于面对任何艰难险阻,经受住各种考验"⑥,这样才能称得上是真正的勇于承担社会责任的青年。这启示新时代大学生要认清历史责任,积极投身于中国特色社会主义建设的伟大实践。2012 年 5 月 4 日,胡锦涛在中国共产主义青年团成立 90 周年纪念大会上就中国青年运动这一主题提出了五点希望,其中第五点就是希望广大青年"要争当诚实守信的模范,带头履行社会责任"⑦。大学生要践行社会主义核心价值观,勇担社会责任。从以上对青年社会责任相关论述中可得知:五四运动及五四精神是青年学生承担社会责任的源泉。因此,在某种意义上来说,五四精神就是社会责任担当精神。青年学生承担中国特色社会主义建设,实现中华民族伟大复兴的社会责任是对五四精神的继承和发展。

　　2)责任感的培育与价值导向目的相契合的理论逻辑

　　这鲜明体现在习近平总书记对新时代大学生社会责任的相关论述上。习近平对新时代大学生社会责任的论述包括以下三层内容。

　　(1)新时代大学生"社会责任理想"说。习近平多次谈及青年要有理想,如,

---

① 　江泽民.江泽民文选:第二卷[M].北京:人民出版社,2006:123 - 124.
② 　胡锦涛.胡锦涛文选:第一卷[M].北京:人民出版社,2016:130.
③ 　江泽民.江泽民文选:第三卷[M].北京:人民出版社,2006:483.
④ 　江泽民.江泽民文选:第三卷[M].北京:人民出版社,2006:483.
⑤ 　江泽民.江泽民文选:第三卷[M].北京:人民出版社,2006:480.
⑥ 　胡锦涛.胡锦涛文选:第一卷[M].北京:人民出版社,2016:365.
⑦ 　胡锦涛.胡锦涛文选:第三卷[M].北京:人民出版社,2016:589.

2013 年 5 月 4 日,习近平在同各界优秀青年代表座谈时指出:"青年一代有理想、有担当,国家就有前途,民族就有希望,实现我们的发展目标就有源源不断的强大力量。"①这表明理想是新时代大学生承担社会责任的动力。2014 年 5 月,习近平在北京师生座谈会上指出:"有信念、有梦想、有奋斗、有奉献的人生,才是有意义的人生。"②这表明社会责任的有效承担除了心中有理想之外,还要付诸行动,勇于奋斗,乐于奋斗。2014 年 5 月 4 日,习近平在北京大学师生座谈会上指出:"建设富强民主文明和谐的社会主义现代化国家,是我们的目标,也是我们的责任,是我们对中华民族的责任,对前人的责任,对后人的责任。"③建设富强民主文明和谐的社会主义现代化国家是中国特色社会主义建设的一个目标,因此,建设有中国特色社会主义这一共同理想实际上也是一种社会责任理想。2016 年 4 月 26 日,习近平在知识分子、劳动模范、青年代表座谈会上指出:"要以国家富强、人民幸福为己任,胸怀理想、志存高远,投身中国特色社会主义伟大实践,并为之终身奋斗。心中有阳光,脚下有力量,为了理想能坚持、不懈怠,才能创造无愧于时代的人生。"④

(2)新时代大学生"社会责任本领"说。社会责任理想要付诸行动才有实际意义。这就需要新时代大学生具有社会责任本领。一是学习本领;二是实践本领。习近平本人就是善于学习、乐于学习、坚持学习的学习者,是新时代大学生学习的榜样。习近平曾说:"我们一定要强化活到老、学到老的思想,主动来一场'学习的革命',切实把外在的要求转化为内在的自觉,成为自己的一种兴趣、一种习惯、一种精神需要、一种生活方式。"⑤这说明学习就不是一朝一夕,而是长年累月的事,同时学习要融入生活,融入社会。

(3)新时代大学生"社会责任担当"说。担当要落实在实际行动中,"社会责任担当"就是要以实际行动来落实责任。习近平在谈到如何树立和培育社会主义核心价值观时强调广大青年学生要"努力把核心价值观的要求变成日常的行

① 中共中央文献研究室.十八大以来重要文献选编(上)[M].北京:中央文献出版社,2014:277.
② 习近平.习近平谈治国理政:第一卷[M].北京:外文出版社,2018:175-176.
③ 习近平.习近平谈治国理政:第一卷[M].北京:外文出版社,2018:169-170.
④ 习近平.在知识分子、劳动模范、青年代表座谈会上的讲话[EB/OL].新华网.http://www.xinhuanet.com/politics/2016-04/30/c_1118776008.htm,2016-4-30.
⑤ 习近平.之江新语[M].杭州:浙江人民出版社,2007:41.

为准则"[①]，要把践行社会主义核心价值观的责任落实到日常行为中。

3.4.2　核心价值观统领大学生社会责任感培育

党的十八大以高度凝练的二十四个字概括了社会主义核心价值观的基本内容，涵盖了国家、社会和公民三个层面的价值理念。主流价值观的提出，是当代中国社会形态转变和中国特色社会主义先进文化的重要标志。"富强、民主、文明、和谐"，是当前现代化建设的目标，在整个核心价值观中处在最高层次，对社会、个人层面的价值理念起统率作用。"自由、平等、公正、法治"，是对和谐社会的形象描述，反映了我国特色社会主义的基本属性，是我们要长期践行的价值理念。"爱国、敬业、诚信、友善"，是公民最基础的道德规范，也是从个人层面对核心价值观的简单凝练。个人层面的价值理念涵盖了社会生活的诸多方面，既是个人遵守的行为准则，又是评判社会公众道德行为选择的基本尺度。核心价值观作为我国主流的政治文化，是我国大学生社会责任感培育的重点与核心，能更好地促进核心价值观的实现和大学生责任培育体系的形成。

习近平总书记在全国高校思想政治工作会议上指出："对一个民族、一个国家来说，最持久、最深层的力量是全社会共同认可的核心价值观。核心价值观，承载着一个民族、一个国家的精神追求，体现着一个社会评判是非曲直的价值标准。"习近平总书记还强调，"核心价值观，其实就是一种德，既是个人的德，也是一种大德，就是国家的德、社会的德。国无德不兴，人无德不立。"[②]社会主义核心价值观是帮助当代大学生立德的利器，为大学生社会责任感培育指明了方向，正如学者熊晓梅所概括的：社会主义核心价值观应成为国家建设、社会发展和个人行为的价值导向、价值引领、价值标准。在当今多元的价值取向下，更应坚持社会主义核心价值观导向。在与社会责任感的关系上，核心价值观是文化软实力的灵魂。1990 年，美国哈佛大学教授约瑟夫・奈分别在《政治学季刊》和《外交政策》杂志上发表《变化中的世界力量的本质》和《软实力》等一系列论文，并在此基础上出版了"*Bound to Lead：The Changing Nature of American Power*"一书，其中都提到了"软实力"(soft power)的概念。正如一位哲学家所言，经济是

---

① 习近平.习近平谈治国理政：第一卷[M].北京：外文出版社，2018：174.
② 习近平在全国高校思想政治工作会议上的讲话[N].人民日报，2016－12－09.

一个国家或一个民族的血肉,政治是其骨骼,社会是其神经,而文化则是其灵魂。一个国家如果没有强大的文化软实力,就等于没有灵魂的支撑,这个国家就永远不可能强大起来。习近平总书记指出,要通过教育引导、文化熏陶、实践养成等,使之内化为人们的精神追求,外化为人们的自觉行动。范进学认为,社会主义核心价值观包容了社会主义作为一种理论、运动和制度对社会各个方面的价值,其在价值体系中的核心地位决定了其统摄、辐射作用于社会责任的双向互动。核心价值观国家层面的价值理念,能够明确大学生对国家责任的理解,确立正确的培育方向;社会层面的价值理念将从精神层次出发,引导大学生树立社会责任情感,使之内化于心;而个人层面的价值理念则从自身的角度出发,引导他们付诸行动,进而贡献祖国、服务社会和善待他人。总体来说,核心价值观是规范大学生社会责任感培育方向的"方向盘""导航器",能帮助高校找到正确的培育方法。

第4章 大学生社会责任感现状之究

4.1 现有的研究结果

　　对大学生社会责任感现状进行调查是更好地培育大学生责任感的前提。梳理文献资料及专家学者已开展的实证调查，可以作为本研究的起点，对于完善实证研究、精准分析和把握具有重要的参考价值。

　　中共中央下发的《关于进一步加强和改进大学生思想政治教育的意见》指出："当代大学生思想政治状况主流是积极的、健康的、向上的。"[①]2011年教育部对全国140所高校的25 000多名学生进行了调查，调查结果数据表明，当前高校学生思想的主流取向是继续保持积极健康向上的良好态势。[②] 杜兰晓对浙江省1 200名大学生进行调查发现，在国家认同的某些方面，男生显著低于女生；群众显著低于共青团员，共青团员显著低于共产党员；民族中学的毕业生显著低于普通中学，普通中学显著低于重点中学；非重点大学的大学生显著低于重点大学的大学生；艺术类学生显著低于人文社科类和理工类学生。国家认同感的问题具体表现为：对社会主义制度的优越性、对公民道德素质的提高以及对马克思主义是科学的理论等问题的认同度不高。[③] 这说明一些大学生缺乏国家责任

---

① 中共中央宣传部宣传教育局，等.《中共中央国务院关于进一步加强和改进大学生思想政治教育的意见》学习辅导读本[M].北京：中国人民大学出版社，2005：3.
② 调查表明：大学生思想主流积极健康向上[EB/OL].中国网络电视台.http://news.cntv.cn/20110604/100830.shtml，2011-06-04.
③ 杜兰晓.大学生国家认同研究[D].杭州：浙江大学，2014.

感。蔡华健等人调查了南京 1 327 名在校大学生,发现一些大学生虽然对社会
热点问题有热情,却难以对热点问题进行深入思考,更少去把握社会热点问题背
后所反映出来的本质。[①] 有些大学生缺乏公共事务参与感,也缺乏实际行动。
对于公共责任担当感,杜悦的研究发现,"97.74% 的大学生自报他们在交通路口
遇到红灯有交通警察时不闯红灯,但在夜间没有警察也无人看见时,这一比例下
降到了 56.44%"。[②] 许海元的调查发现,有 73.6% 的大学生承认有过污染环境
的行为。[③] 田志鹏等人在对哈尔滨市大学生进行微信拉票行为的调查中发现,
大学生投"人情票"的现象比较普遍,对拉票行为敢怒不敢言,并且忽视拉票行为
的诚信和公平,这也是大学生的他人责任感问题在网络中的体现。[④] 龚宇平的
调查显示,有 35% 的学生从未在节假日主动问候父母;有近 28% 的学生认为长
大后不一定或不应该承担赡养父母的责任,认为父母给予自己的一切都是理所
当然,是他们应尽的义务和责任。[⑤] 从对其他亲属的责任感来看,一部分当代大
学生对祖辈的关心明显不足。有的大学生在与兄弟姐妹的相处过程中,在解决
这些摩擦时不会客观公正地处理问题,以自我为中心,这也是家庭责任感缺失的
一种表现。

魏进平等学者在全国 21 个省市 80 所高校对大学生开展了"2015 年全国大
学生社会责任感现状"的调查工作,收到了 19 319 份有效调查问卷。这次调查
"具体测查大学生社会责任认知、认同、行动 3 个环节(纵向)和政治责任感、生命
责任感、学习责任感、学校责任感 5 个维度(横向)的现实表现和相关性,及其在
性别、年级、生源地、毕业高中类型、区域、学科、院校等方面的个体和群体差异、
变化"[⑥]。与 2014 年相比,2015 年"我国大学生社会责任感进一步增强,平均分
和及格率均有提高……大学生社会责任感存在'知行不一'现象,网络责任感、学
校责任感、生命责任感和政治责任感尤为明显……大学生社会责任感在性别、年

① 蔡华健,刘尧飞.自媒体时代大学生对社会热点关注倾向调查分析[J].高等农业教育,2015(1).
② 杜悦."道德滑坡"还是"道德爬坡"[N].中国教育报,2003－7－17:7.
③ 许海元.当代大学生生命责任意识现状及培养对策[J].道德与文明,2009(3).
④ 田志鹏,刘晓明.微信拉票现象的反思:人情绑架、诚信危机与网络社会责任伦理[J].学习与探索,
2017(9).
⑤ 龚宇平."90 后"大学生感恩意识的缺失及培育[J].学校党建与思想教育,2009(29).
⑥ 魏进平,李琳琳,魏娜.教育引导大学生正确认识时代责任和历史使命——基于 21 个省 80 所高校
19319 名大学生的调查[J].社会科学论坛,2017(04):195.

级、学校、区域、学科等方面上仍存在显著差异"①。此外,中国社会科学网"资讯"版块题为"《中国大学生社会责任感现状调查报告(2018)》在津发布"的资讯调查数据显示,2014—2017 年我国大学生社会责任感平均分的状况是:2014 年为 83.09 分,2015 年为 83.31 分,2017 年为 81.82 分;高年级大学生社会责任感高于低年级社会责任感;"985"院校大学生社会责任感平均分最高;文科类大学生社会责任平均分相对高于其他专业;历史类专业大学生社会责任平均分最高。调查表明:大学生社会责任感跟大学生自身阅历、成长的阶段、教育的努力有一定的关系;大学生社会责任感与高校的知名度、高校的实力、国家的支持有关。这一结果也启示我们:大学生社会责任教育在融入其他专业课教育教学中,可以加入历史因素、大思政、大德育元素。以上的研究数据和资料对本研究的开展提供了非常重要的参考和依据。

4.2　调查设计与调查过程

大学生社会责任培育对于有效高校推进思想政治教育,坚持德育育人的根本任务,实现中华民族伟大复兴的中国梦及大学生个人成长成才具有重大现实意义。在了解和把握现有研究成果的基础上,本研究主要采用问卷调查进行了调研。

4.2.1　调研问题设计

本研究问卷设计的目的在于了解我国高校大学生社会责任感现状、探讨存在的问题,为进一步的分析和研究提供数据支撑。

调查设计的核心是调查问卷的设计和发放,本问卷共有 26 个问题,包括大学生的基本信息、大学生社会责任感的现状两部分。对于大学生社会责任感现状主要从大学生社会责任感认知状况、大学生社会责任感认同、大学生社会责任行动、学生对社会责任感培育的评价、社会责任的五维分析等方面设计问卷,对于高校大学社会责任感培育状况,分别从培育主体、培育客体、培育内容、培育方

---

① 魏进平,李琳琳,魏娜.教育引导大学生正确认识时代责任和历史使命——基于 21 个省 80 所高校 19319 名大学生的调查[J].社会科学论坛,2017(04):195-202.

式、培育环境几个方面设计问卷。

4.2.2　调查过程

在梳理已有文献研究和众多学者实证调研的基础上,为了使本研究更具有针对性和可操作性,笔者调研选取了上海松江大学城 7 所高校为研究样本。2019 年 9 月至 10 月,在上海外国语大学、华东政法大学、东华大学、上海对外经贸大学、上海工程技术大学、上海立信会计金融学院、复旦视觉艺术学院七所高校分层次进行问卷投放和回收,调查对象包括专科生、本科生和研究生,考虑到调查对象的参与性和统计的方便性,整个调查采用选择题形式进行调查。共发放 1 200 份问卷,回收 1 142 份,回收率 95.2%,有效问卷 1 107 份,有效率 92.2%,运用 SPSS 软件对回收问卷进行统计分析。

从调查样本的总体来看,本次问卷参与调查的 1 107 人中,男生有 583 人,女生有 524 人;按调查对象的专业类别来看,参与调查的专科生有 53 人,本科生 849 人,研究生 205 人;按调查对象的年级分布情况来看,参与调查的大一学生为 236 人,大二学生 225 人,大三学生 249 人,大四学生 176 人,其他年级 221 人。

4.2.3　现状分析

调查问卷对大学生社会责任感现状分析考察主要从以下几个方面进行。

1)大学生社会责任感的认知情况

问题:你认为大学生是否应该具备社会责任感? 回答结果如图 4-1 所示:有 93.3% 的学生选择应该,2.94% 的学生选择不应该,3.76% 的学生选择不清楚。这说明大学生普遍认同社会责任感,并且能够认识到自身所肩负的社会责任。

问题:你是否了解社会责任感具体内容? 回答结果如图 4-2 所示:有 25.47% 的学生选择非常了解,64.73% 的学生选择大致了解,9.16% 的学生选择了解一点,0.64% 的学生选择非常不了解。说明大部分学生对社会责任感具体内容有相对明确的认识,但是了解一点和非常不了解的人占比近 10%,对大学生进行社会责任感内容的教育必须要引起关注。

你认为大学生是否应该具备社会责任感

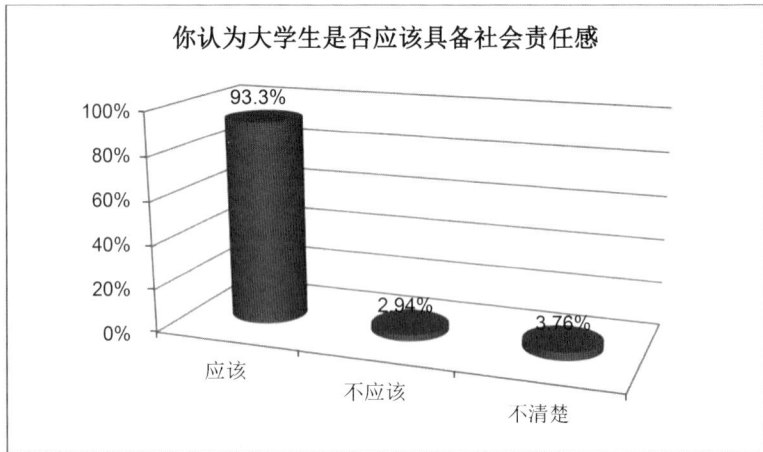

图 4-1　对是否具备社会责任感的认知状况

你是否了解社会责任感具体内容

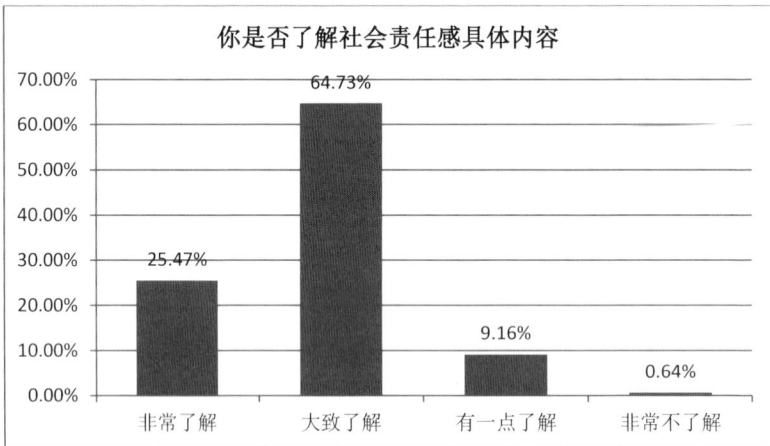

图 4-2　对社会责任感具体内容的了解状况

　　问题:你认为社会责任感包括哪些内容(多选题)? 回答结果如图 4-3 所示:93.27% 的学生选择遵守社会公德,92.06% 的学生选择遵守法律法规,89.43% 的学生选择参与社会志愿活动,73.41% 的学生选择监督国家机关及其工作人员,89.94% 的学生选择保护生态环境,77.37% 的学生选择参与社会公共危机的救治。由数据结果可知,大学生认为社会公德和法治意识是最为重要的素质,也是核心,大多数学生对社会公共事务如志愿活动、环境保护参与意识较强,同时具备一定的参政意识和社会责任监督意识。

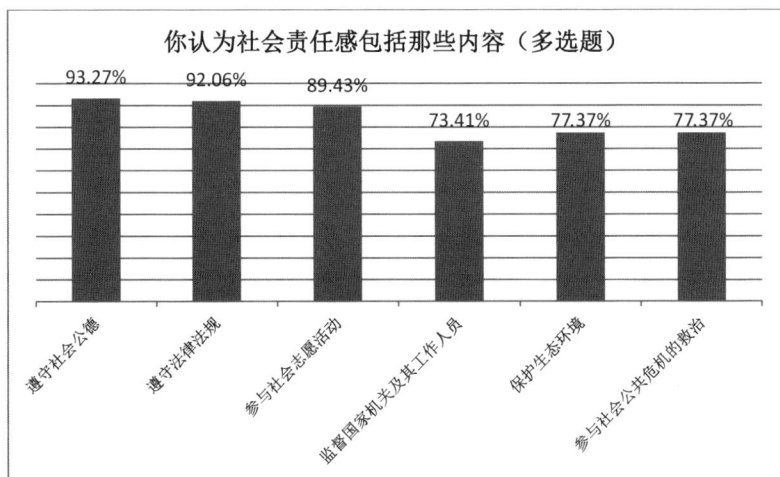

图 4 - 3 对社会责任感内容的认知状况

问题:你是否会关注一些如生态环境、食品安全、医疗改革、自然灾害、公共卫生等问题?回答结果如图 4 - 4 所示:50.76% 的学生选择经常关注,知道很多;46.02% 的学生选择不太关注,知道的比较少;3.22% 的学生选择基本不关注,从来不感兴趣。这说明绝大部分的学生社会责任感意识强,熟悉并关注社会公共责任,极少部分学生缺乏社会公共责任意识。

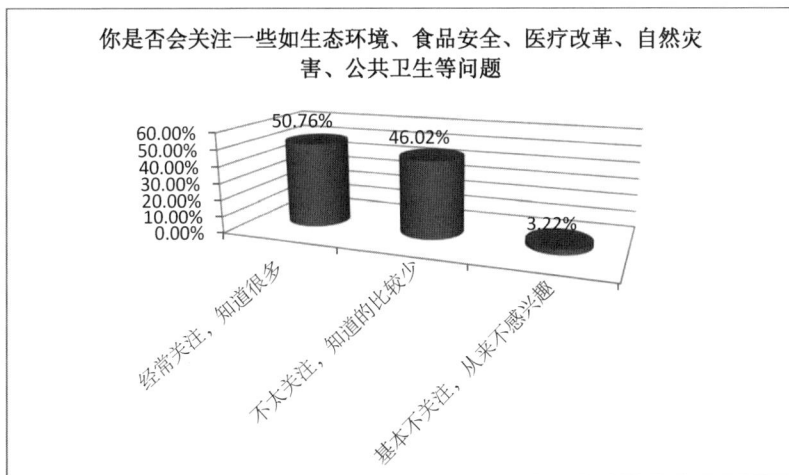

图 4 - 4 对社会责任感的关注状况

2)大学生对社会责任感的认同情况

此项主要考察大学生在日常生活中对自觉履行社会责任感的意愿和态度。

问题:你是否赞同大学生应该积极参加各类志愿活动,如支教、扶贫帮困、献血、捐赠等社会公益活动? 回答结果如图 4-5 所示;71.21%的学生选择完全赞同,25.47%的学生选择大致赞同,2.75%的学生选择有点不赞同,0.57%选择完全不赞同,这也说明大学生具备投身社会公益活动的意愿。

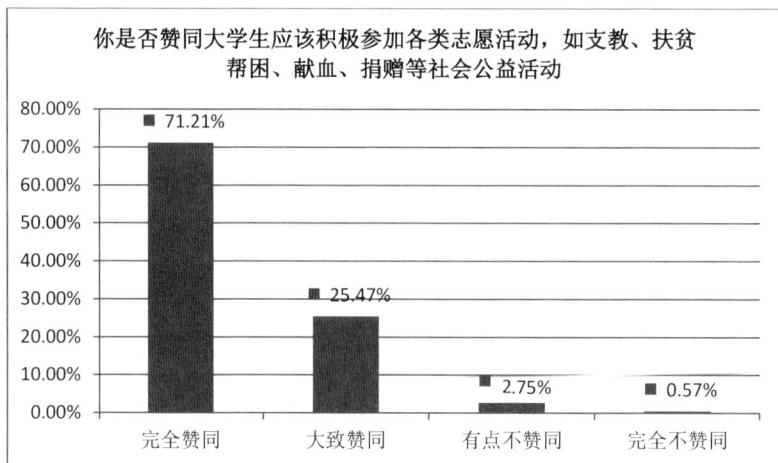

图 4-5 对社会责任感的认同状况

问题:你是否愿意从自身做起,自觉实行垃圾分类、保护生态环境、节约资源、低碳生活,养成勤俭生活习惯? 回答结果如图 4-6 所示;92.4%的学生选择愿意,7.2%的学生选择大致愿意,0.4%的学生选择不愿意。结果表明,大学生具备主动节约资源、保护环境、绿色生活的意识,环境生态和绿色生活方式成为大学生普遍的生活价值理念。

问题:你是否愿意在发生重大的公共卫生事件、自然灾害、公共安全、事故灾难等社会公共危机时挺身而出,参与其中? 回答结果如图 4-7 所示;94.07%的学生选择愿意,5.16%的学生选择大致愿意,0.77%的学生选择不愿意。结果表明,绝大部分大学生在国家和社会遇到公共危机时,愿意积极投身其中,极少数大学生责任意识不足。

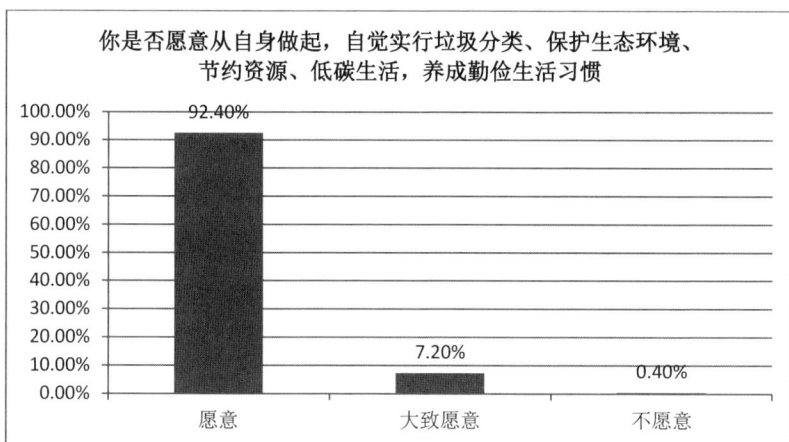

图 4 - 6　对社会责任感参与的意愿状况

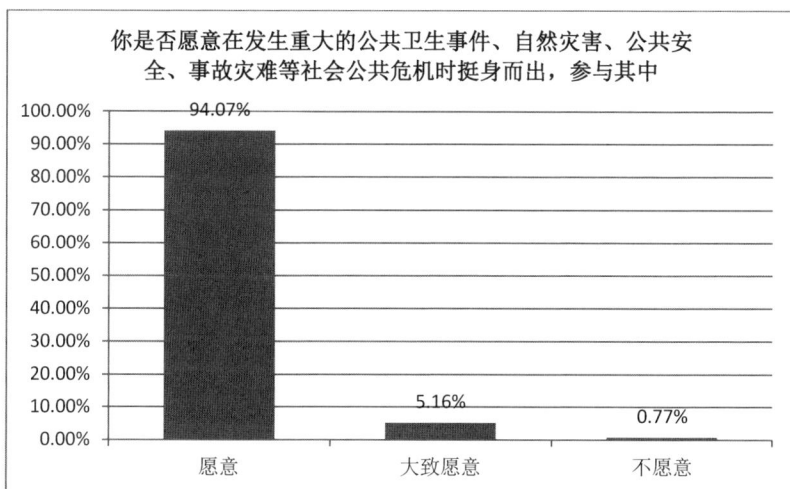

图 4 - 7　对社会公共危机参与的意愿状况

　　问题:你愿意毕业后到祖国最需要人才的边疆贫困地区或社会的基层去锻炼自己吗? 回答结果如图 4 - 8 所示:82.33%的学生选择愿意,16.17%的学生选择大致愿意,1.5%的学生选择不愿意。结果表明绝大多数大学生重视个人的发展和自我价值的实现,并能很好地把个人发展和国家社会需要结合起来,社会责任意愿强。

你愿意毕业后到祖国最需要人才的边疆贫困地区或社会的基层
去锻炼自己吗

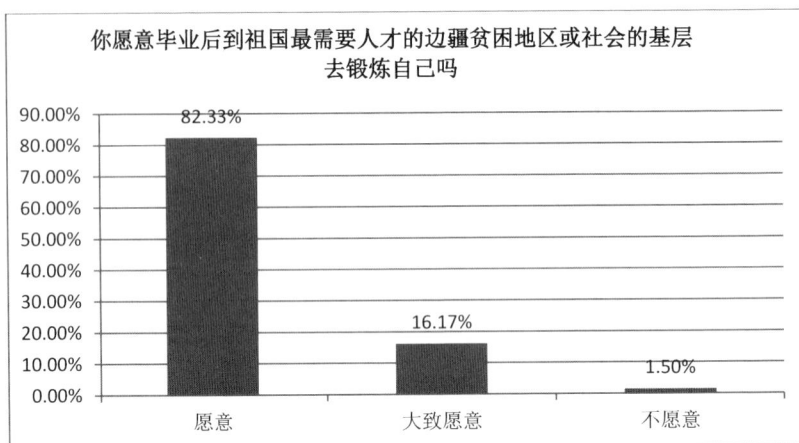

图 4 - 8　对国家责任感的意愿状况

3）大学生对社会责任感的践行情况

此项对大学生社会责任感的践行情况进行调查,主要是考察大学生社会责任的实践和参与状况。

问题:你是否自觉地遵纪守法,在公共场所能遵守规则和秩序,维护社会公德,履行公民责任? 回答结果如图 4 - 9 所示:71.19%的学生选择经常,25.43%的学生选择一般,3.04%的学生选择比较少,0.34%的学生选择从不。这说明,在日常生活中,绝大部分大学生能够自觉维护和遵守公共秩序和规则。

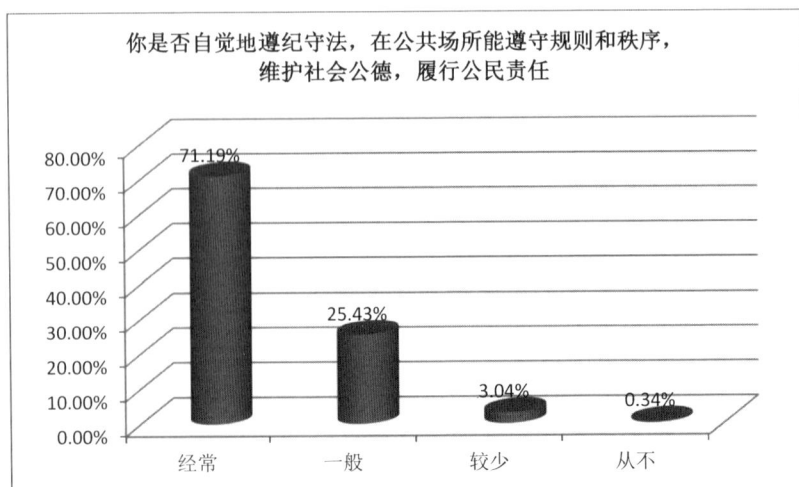

图 4 - 9　对社会责任自觉遵守状况

问题：你是否参与过社会公益活动，如献爱心、志愿者、环保宣传、义务支教、捐赠等活动？回答结果如图 4-10 所示：32.8%的学生选择经常，49.64%的学生选择一般，16.86%的学生选择较少，0.7%的学生选择从不。从数据结果看出，几乎所有的大学生都参与过社会公益活动，其在大学生的社会责任感培育中发挥着举足轻重的作用。

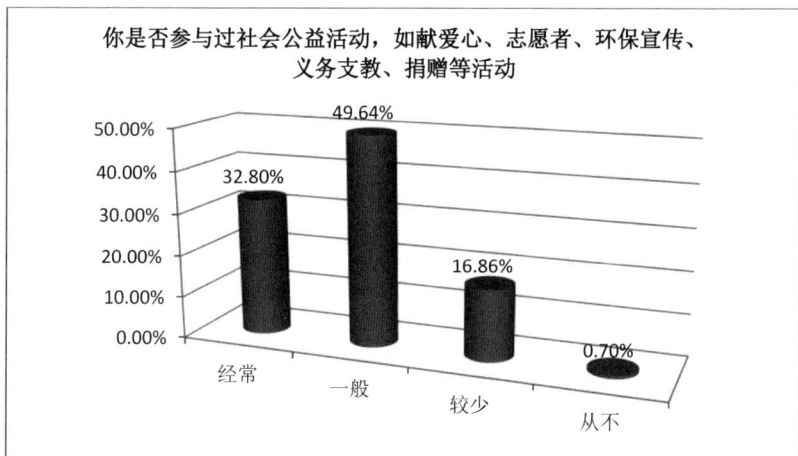

图 4-10　对社会公益活动的参与状况

问题：你曾经都参加过以下哪些社会公益活动（多选题）？回答结果如图 4-11所示：25.8%学生选择参加过义务献血，9.79%的学生选择参加过支教，72.46%的学生选择做过志愿者，66.8%的大学生选择参与过社会捐助，50.67%的学生选择参与过其他公益活动，2.7%的学生表示从未参加过公益活动。在这其中，大学生选择最多的公益活动是志愿者活动，其次是社会捐助和其他的公益活动，很大程度上也激发了大学生的社会责任感和责任行为。

问题：当你生活的周边出现生态环境问题、交通问题、食品安全等问题，或看到别人处于困境时，你会采取行动去解决吗？回答结果如图 4-12 所示：55.18%的学生选择会，43.75%的学生选择视情况而定，1.07%的学生选择不会。总体看，绝大部分大学生都会采取积极的社会责任行为，愿意在社会公共事务中发挥自己的作用，但也有相当部分的学生表示视情况而定，这也为大学生社会责任感培育和教育提供重要的参考。

你曾经都参加过以下哪些社会公益活动（多选题）

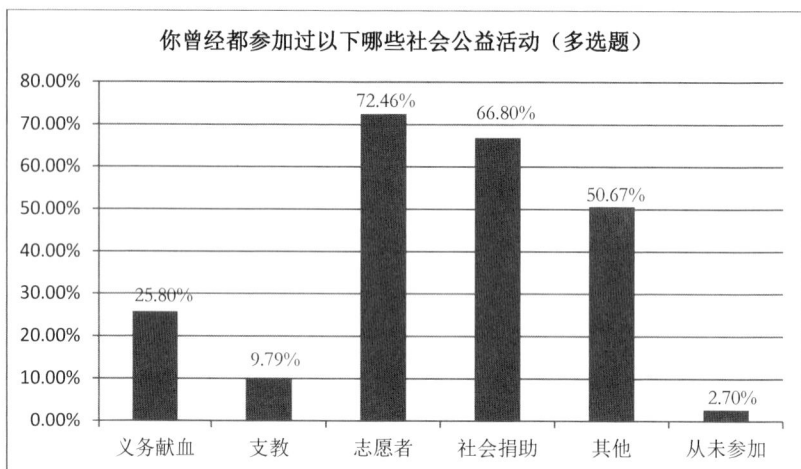

图 4-11　对社会公益活动的参与状况

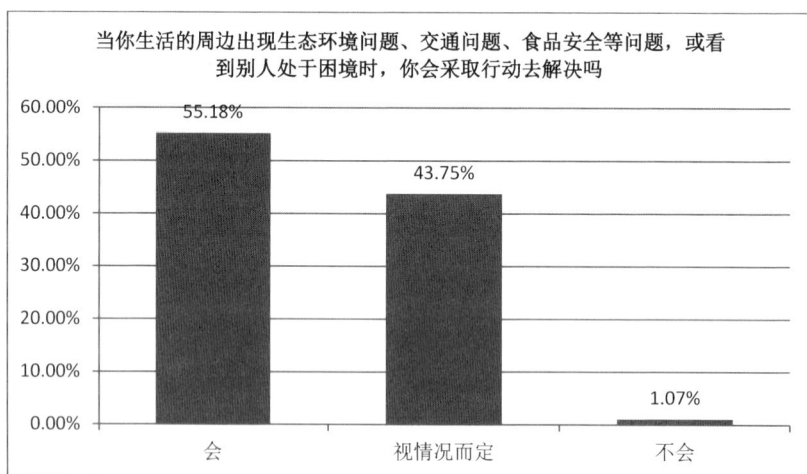

当你生活的周边出现生态环境问题、交通问题、食品安全等问题，或看到别人处于困境时，你会采取行动去解决吗

图 4-12　对社会责任的践行状况

4）大学生对社会责任感培育的评价情况

从大学生的角度去评价当前社会责任感培育的状况，可以更好地从大学生的角度去制定、优化培养方案和培养方式。

问题：你认为高校和教师在培养你的社会责任感时重视社会外在的要求吗？结果如图 4-13 所示：56.26%的学生选择非常重视，37.13%的学生选择比较重视，2.71%的学生选择不重视，9.9%的学生选择不确定。这说明高校和教师能够严格按照大学生思想政治工作的教育目标要求,在教育和培养中注重国家和社会的发展需要,但是高校要不断提升育人的时效性,育人的载体和手段上有提升的空间。

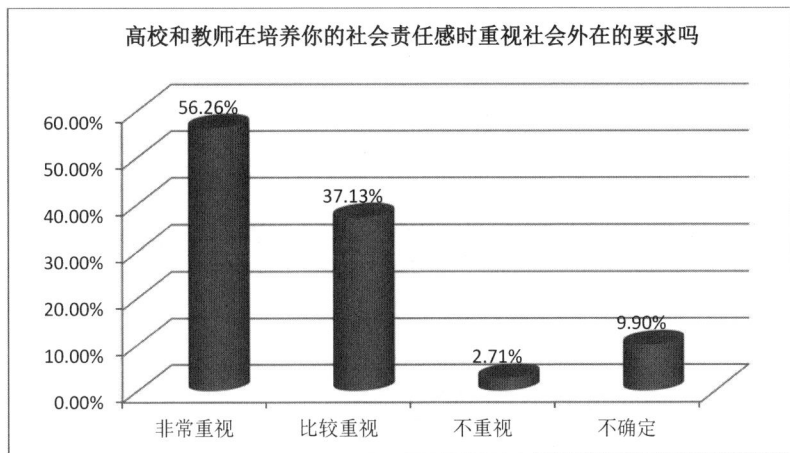

图 4-13　对高校及教师培养社会责任感的评价状况

问题:老师在课堂讲解扶贫帮困、见义勇为、热心公益等社会责任行为的重要意义时,重视你的学习接受过程吗? 结果如图 4-14 所示:39.46% 的学生选择非常重视,54.17% 的学生选择比较重视,2.24% 的学生选择不重视,4.13% 的学生选择不确定。说明大学生希望教师在社会责任感培育中应更关注学生的接受过程,而不是单纯的知识讲解。

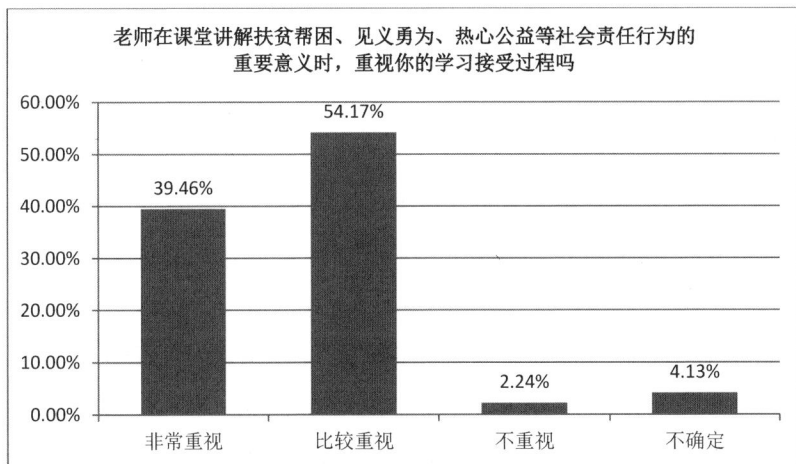

图 4-14　对教师在社会责任感培育中的评价状况

问题:你的家长在你成长的过程中,重视对你个人品德、家教家风、社会公德、社会责任心的教育培养吗? 结果如图 4 - 15 所示:46.25%的学生选择非常重视,47.93%的学生选择比较重视,3.43%的学生选择不重视,2.39%的学生选择不确定。这说明,家长作为学生社会责任感培育的第一任老师,应更加关注对于学生品德、素养和价值观的影响和引导,通过自己的言行潜移默化地影响学生,并有针对性地在个人的社会责任感教育中投入更多的精力。

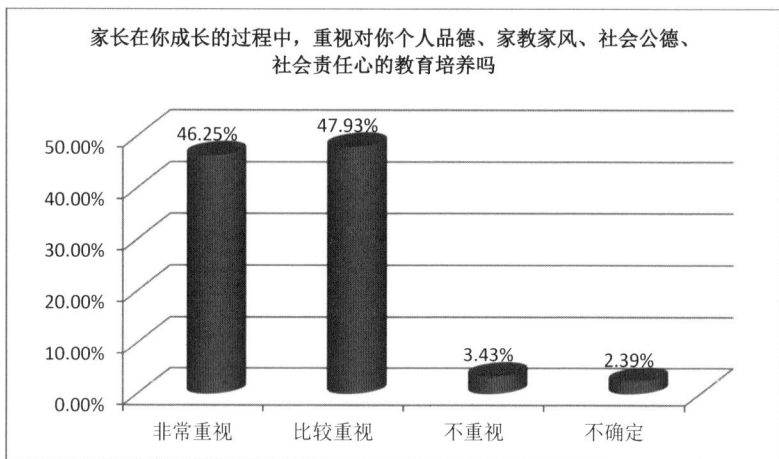

图 4 - 15   对家长在社会责任感培育中的评价状况

问题:以下哪些因素在社会责任感的形成和发展中发挥着重要作用(多选题)? 结果如图 4 - 16 所示:73.42%的学生选择家庭,88.46%的学生选择学校,86.85%的学生选择社会环境,93.18%的学生选择国家,71.05%的学生选择网络媒体,58.78%的学生选择其他。从数据所反映的结果来看,大学生认为家庭、学校、社会环境、国家、网络媒体等在社会责任感培育中都发挥着重要的作用,所以在选择权重方面比较均衡,但大学生普遍认为国家在社会责任感的培育中发挥着最重要的作用。

问题:你认为可以通过哪些方式去引导和强化你的社会责任感培育(多选题)? 结果如图 4 - 17 所示:50.47%的学生选择志愿活动,68.73%的学生选择社会实践,90.45%的学生选择国情、历史和传统文化教育,42.16%的学生选择榜样影响,88.14%的学生选择网络媒体正能量宣传,35.56%的学生选择其他。调

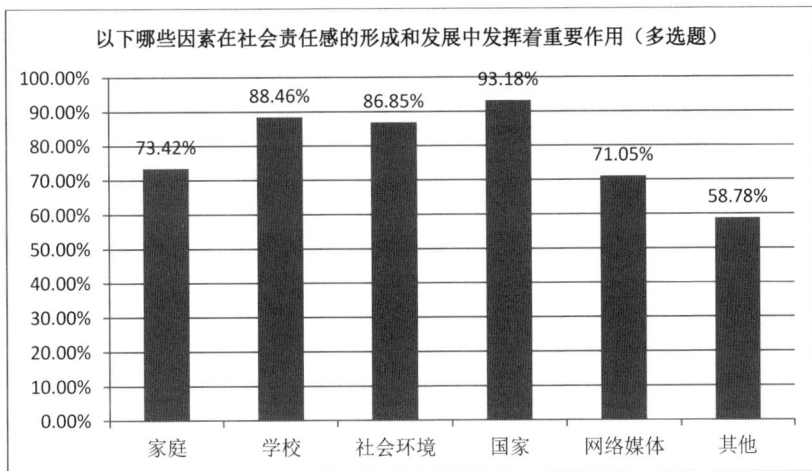

图 4 - 16　对社会责任感影响因素的评价状况

查数据反映,大学生普遍认为国情、历史和传统文化教育在社会责任感培育中发挥着非常重要的作用,从学生 90.45% 的选择权重足以看出。网络媒体的影响位居其次,社会实践和志愿者活动也能更好地增强大学生的社会责任感。

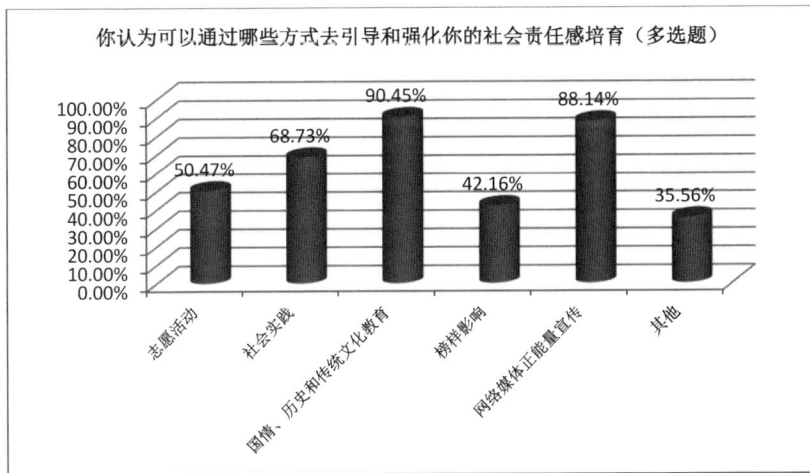

图 4 - 17　对社会责任感培育方式的评价状况

5) 大学生社会责任感的五维分析情况

此项通过对大学生国家责任感、环境责任感、家庭责任感、他人责任感、自我责任感考察,来全面了解大学生的责任感现状,找出大学生社会责任感培育中的薄弱点和问题。

问题:你认为自己有为实现中华民族伟大复兴的中国梦而承担国家责任的义务吗? 结果如图 4-18 所示:92.79%的学生选择有义务,6.81%的学生选择没有太大义务,0.4%的学生选择完全没有义务。这说明,绝大部分的学生是不缺乏国家责任感的,愿意用行动来履行应尽的国家责任,具有家国情怀和担当。

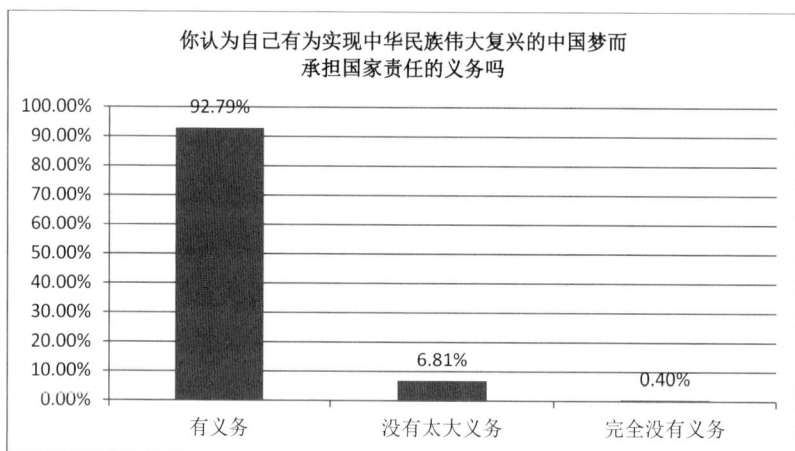

图 4-18　对国家责任义务的承担意愿

问题:近年来,我国的生态环境问题频发,大气、水、土壤污染严重,对此你持什么态度? 结果如图 4-19 所示:90.42%的学生选择保护环境人人有责,6.18%的学生选择环境治理只能靠政府,3.1%的学生选择无所谓,0.3%的学生选择与我无关。这说明,绝大部分学生的生态环保意识很强,但也有少部分学生对环境保护选择不负责任的态度。

问题:你会经常关心问候父母,主动承担家庭责任吗? 结果如图 4-20 所示:51.06%的学生选择会,40.8%的学生选择有时候会,6.94%的学生选择说不清,1.4%的学生选择不会。可以看出,仍有部分学生家庭责任感比较弱,缺乏对家庭应尽的责任和义务。

近年来，我国的生态环境问题频发，大气、水、土壤污染严重，
对此你持什么态度

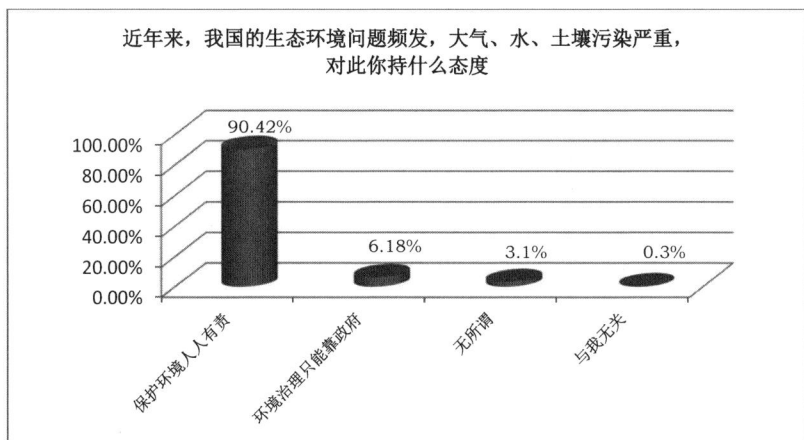

图 4 - 19　对生态环境的认知态度

你会经常关心问候父母，主动承担家庭责任吗

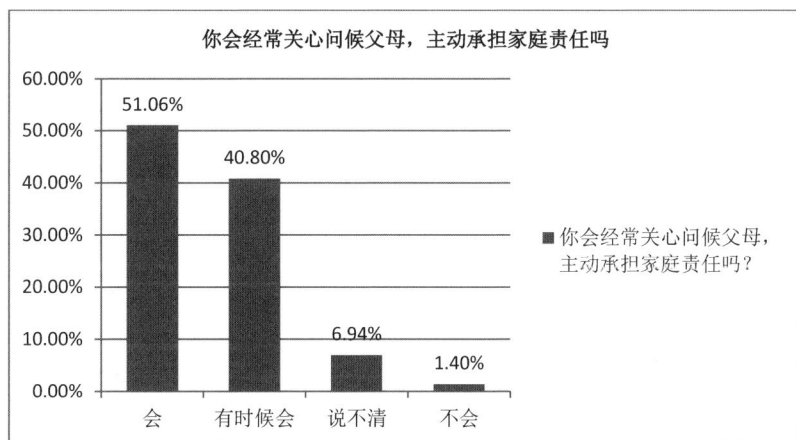

图 4 - 20　对家庭的责任意识度

　　问题:当你身边的朋友、同学或其他人需要你的帮助时,你会尽可能地提供帮助吗? 结果如图 4 - 21 所示:49.65% 的学生选择会,32.21% 的学生选择可能会,13.54% 的学生选择说不清,4.6% 的学生选择不会。这说明,一些大学生对他人的责任感缺失,缺乏对他人的责任感。

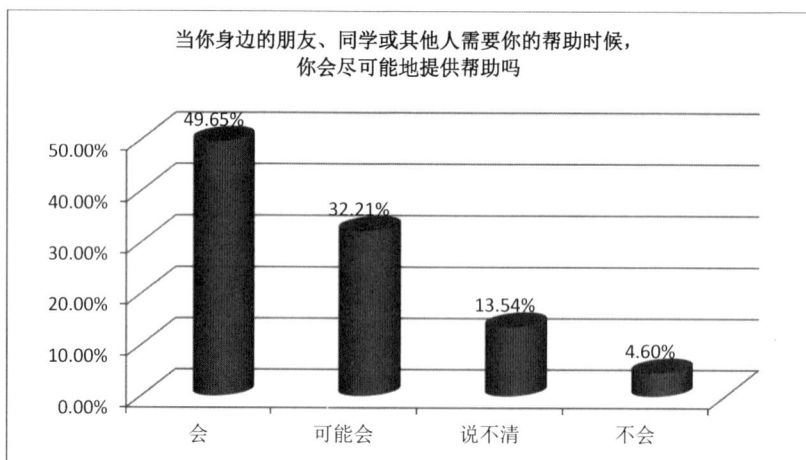

图 4 - 21　对他人的责任意识

问题：你会在平时的学生生活中不断地激励自己，即使遇到挫折和困难也不会放弃前进的步伐吗？结果如图 4 - 22 所示：55.36% 的学生选择会，29.44% 的学生选择可能会，12.6% 的学生选择说不清，2.6% 的学生选择不会。这说明，绝大部分学生对自己有一定的要求和责任感，但仍有极少数学生没有明确的人生目标和个人追求，缺乏自我责任感。

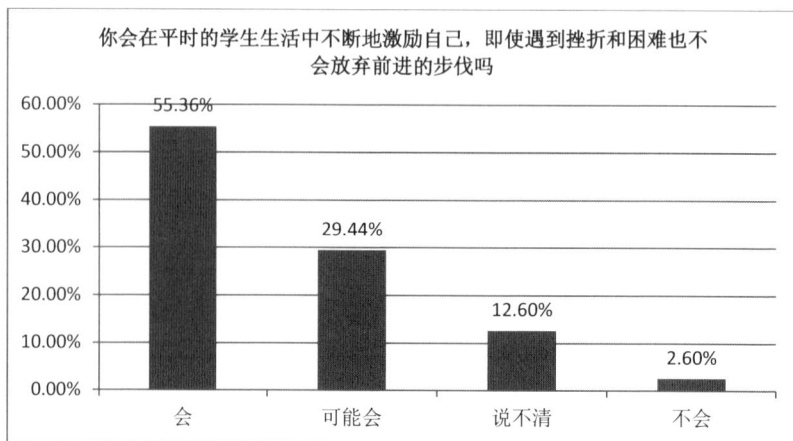

图 4 - 22　对自我责任的认知情况

4.3　大学生社会责任感具体表现

4.3.1　道德观念与责任意识逐渐深入人心

高校思想政治教育的重要内容之一,就是通过德育的教化,使大学生获得基本的道德常识,明确道德在调节人与人、人与社会之间关系的基本道理,确立大学生在建设国家、推动物质文明和精神文明进步的实践过程中树立责任意识的观念,从而积极承担责任、自觉履行义务。从新冠疫情中挺身而出的大学生志愿者,到每年都有大批支教的大学生奔赴边远山区义务支教,到参与各种自然灾害的灾后重建志愿者,到投身于扶贫一线带领贫困地区老百姓脱贫的大学生村官,再到基层社会治理中默默奉献的大学生志愿者,从这些感人事迹当中都能看到当代大学生的优秀表现。国家正处于向全面小康社会迈进,实现"两个百年"奋斗目标和中华民族伟大复兴的重要历史时期,大学生无论是对国家发展的关注和民生的关切,对祖国统一的坚定信心,还是对反腐倡廉的积极态度中都可以看出当代大学生忧国忧民的担当精神和家国情怀。

4.3.2　大学生在实践的过程中增强了责任担当

社会责任感培育的良好效果,体现在大学生自觉参加社会实践、公益活动,积极投身于志愿者服务,他们对公益活动非常关心,表现出高度的热情,直接通过自身行动,表达自己的情感,服务社会,实现自身价值。很多人主动加入青年志愿者协会,给留守儿童、老人送温暖、献爱心,为贫困山区儿童组织捐款、捐物,积极参与献血以挽救他人的生命。他们鼎力支持我国社会主义建设事业,在国家宣布实施西部大开发战略时,有不少大学生积极报名,主动到西部甚至更为偏僻的地方工作,挥洒辛勤的汗水,奉献才华和青春。有的学生宁可放弃高薪工作和优越的生活条件,放弃留学深造的机会,也要献身西部、报效国家,为社会的发展贡献自己微薄的力量,充分展现了当代大学生对他人、对社会、对国家的社会责任感,在践行中无形地增强了他们的社会责任担当。

4.3.3　大部分学生的社会责任感逐渐增强

党的十八大以来,党中央高度重视核心价值观的培育,积极鼓励广大学生走出课堂,走进社会,主动承担责任。习近平总书记关于践行社会主义核心价值观的一系列重要讲话,对青年学生提出了殷切的希望,国家和社会为青年大学生的成长搭建了放飞青春梦想和实现人生价值的广阔舞台,营造了公平公正的社会环境,实现"两个一百年"奋斗目标的伟大社会实践呼唤着千百万青年的积极参与,大学生为国家、为社会、为人民建功立业的舞台十分广阔。作为大学生,应自觉增强责任意识,立足实践,提升社会责任感,主动承担责任、履行义务。正是在这样的理论引导和舆论氛围中,广大学生深受鼓舞,激情澎湃,他们坚守共产主义理想信念,构筑实现中华民族富强腾飞的人生梦想,勤奋学习,打好服务人民的知识基础,奉献社会,追求有意义有价值的人生,决心担当起党和人民赋予的历史重托,立志为建设祖国承担责任,做出贡献,社会责任感得到极大的增强。

综合相关学者的研究成果、实证调查结果和实践观察,我们能够看到当代大学生身上所体现出的强烈的社会责任感。尽管有一部分大学生社会责任担当意识和责任感不强,但放在宏观背景下,当代大学生的社会责任感的总体情况是良好的,不能因为极少部分大学生的责任感缺失而质疑整个大学生群体的社会责任感和使命感。大学生社会责任感的形成和发展既受外部因素的影响,又受内部因素的影响,外部因素包括家庭社会、学校、社会环境等影响,内部因素主要是大学生自身因素的影响。依据现有的研究,从全局的角度出发客观地分析大学生社会责任感培育中存在的问题和制约因素,才能更好地提出解决的路径和方法。

第 5 章　大学生社会责任感培育中的问题及制约因素

5.1　存在的问题

从对大学生社会责任感方面的调查可以发现，大学生社会责任感教育中还有一些需要完善的地方。

5.1.1　培育主体未形成合力

高校对大学生社会责任感的培育应该是一个全员、全程、全方位的育人模式，整合资源形成育人合力，但传统意义高校对大学生社会责任感培育渠道并未形成合力，主要表现在以下三个方面。

（1）高校内部传统的教育没有形成协同育人的机制。高校认为思想政治教育工作理应是高校思想政治理论课承担主要职责，而学生事务管理部门学生工作部、团委及学生事务工作人员辅导员、班主任等只是辅助作用。在思想政治理论课的教学培养计划中，教学时数主要集中在课堂理论课教学，鲜有第二课堂的补充，对大学生社会责任感培育的时间少，方式单一，范围狭窄，在课程教学评价上主要以试卷考试为主，缺少对大学生思想道德素质和社会责任感相应的过程性考核与量化，无法真实体现大学生社会责任感培育的效果。

（2）高校教育与管理相脱节，部分教师的职业素养不高。高校的管理部门大多是只管理不教育，缺乏与学生的沟通交流，对学生的真实想法和生活学习感受缺乏了解和理解，管理更多体现的是强制性和校纪校规的制度性约束，缺少了管理中的人情和下沉式管理,学生缺少对学校的主人翁意识,缺乏对管理者真正的认同和信任,不利于实现对学生责任感的培育。高校教师是大学生社会责任感培育的主要承担者,只有具备高度社会责任感的教师才能培养出具备高度社会责任感的学生,教师的言行对学生起着重要的影响和示范效应。老师自身的道德修养、敬业精神、业务能力、理论素养和家国情怀,会潜移默化地影响学生。师者所以传道授业解惑也,传道是基础和前提,只有自身修养和道德品行高尚,言语谈吐优雅,政治觉悟和社会责任感强的老师才能培育出具有高度社会责任感和道德高尚的学生。因此,高校要积极促进教育教学、管理、服务、后勤部门的合力育人模式。

(3)校园文化育人作用没有显现。校园文化是校园精神的集中反映,小到学生的宿舍环境、班级的环境,大到学校的软环境、各式的建筑大楼,都对大学生社会责任感的培育起着熏陶和感染,良好的宿舍环境和班级氛围能够激发学生积极向上的进取心和责任感,形成良好的人际氛围,促进学生的自我管理、自我完善和思想品德、道德素养的提高。校园文化的大环境直接影响学生的审美情趣,优秀的校园文化具有强大的感召力和凝聚力,勤奋踏实的学术氛围,团结拼搏的生活环境、积极进取的健康心理在大学生社会责任感培育中都发挥着不可替代的作用,然很多高校忽略了校园文化的育人效果,高校要充分重视校园文化软环境的育人作用,努力营造良好的校园氛围。

5.1.2　责任行动教育有待加强

高校是进行大学生社会责任教育的重要场所,从大学生对学校责任的承担情况可以预见大学生走出校园对社会责任的承担情况。在国家倡导"双一流"发展目标的背景下,各高校都在积聚力量,促进自身发展,这需要高校师生以高度的学校责任感来自我勉励,同时,在"双一流"竞跑中,又要避免急于求成,避免给大学生带来超过他们能承受范围之内的压力。根据调查显示,近几年来我国大学生在社会责任认知、社会责任认同方面相差不大,而社会责任行动远远不足。这给新时代大学生社会责任教育带来的启示就是要在继续维持并提高大学生社会责任认知和社会责任认同方面教育效果的同时,着重加强新时代大学生社会责任行动方面的教育效果,使得他们养成一种社会责任的行为习惯。要积极引导大学生自觉践行社会责任,通过一些主题活动、社团活动、专题活动等为大学生社会责任感的践行提供条件和平台,社会责任行动必然离不开实践的活动和实践的场域,高校要积极拓展教育实践的路径,加强责任行动教育。

5.1.3　社会实践亟须重视

社会实践是大学生社会责任教育的一个有效载体,大体可以分为志愿服务教育类和创新创业教育类。另外,大学生社会责任教育在与高校其他方面教育的融合也不深,出现了一些缺失社会责任感的现象。如,部分大学生在创新创业过程中社会责任感有些或多或少的缺失。有的大学生从个人的需要和个体的发展角度来设计创业的目的、内容和方式;强调使大学生创业者的本性获得自然发展;强调创业是为了个人的发展服务,这是一种个人本位论思想。而在创新创业中进行新时代大学生社会责任教育要坚持社会本位论思想。即:从社会发展的需要出发来设计自己的创业活动;强调人是社会的产物。有的大学生认为利益和功利是人们行为唯一的目的和标准,认为幸福就是除痛苦、求快乐,利益则是幸福与快乐的根本,这是一种在创业目标追求上的重功利主义、轻社会责任的思想。有的大学生把创新创业局限在实现物质化和实用化的个人利益追求中,而没有把创业与理想愿景联系起来,也没有把创业与自觉遵守社会公共道德和职业道德结合起来,因而也无法实现自身的自由而全面的发展,这是一种重实用主义而轻理想信念的创新创业思想观念。此外,大学生社会责任教育中会存在忽视大学生个体真实需求,缺少直面冲突等问题。大学生社会责任教育内容前后衔接、横向衔接还不够,内容平铺直叙,很少有矛盾冲突,"较少讨论生活实际中那些对大学生造成价值冲突的责任事件"①。大学生社会责任教育中注重理论方面的传授,社会责任教育方法和路径比较单一、人文情感素养有待提升。

5.1.4　评价体系不完善

为了更好地实现教育的目的,反馈与评价是整个教育实施体系中不可缺少的部分。只有反馈教育结果且对反馈回来的教育结果有所评估,才能知道原教学方案是否符合实际需求,继而对不合适的教学方案及时进行修订与调整。教育活动本身并不是大学生社会责任感教育的目的,目的在于要增强大学生的社

---

① 吴康妮.当前我国大学生社会责任感培养现状与应对策略[J].国家教育行政学院学报,2017(02)：76 - 77.

会责任感以及社会责任行为。是否达到大学生社会责任感教育的目的,离不开有效的反馈与科学的评估。当前,高校在大学生社会责任感培育中的跟踪和反馈评价匮乏。造成这一现象的原因既有包含社会责任感教育在内的思想政治理论课程本身的因素,也与大学生社会责任感教育评价体系不完善直接相关。评价和反馈的缺乏使得对于大学生社会责任感目标达成缺乏有效的考核评价和对照完善的标准和依据。因此,建立健全大学生社会责任培育的评价制度体系是确保大学生社会责任意识教育顺利完成的重要保障。大学生社会责任感培育离不开高校的管理机制、考评机制、保障机制的支撑。

5.1.5 文化元素融入不足

文化对一个国家、一个民族具有重要作用,是一个国家、一个民族的灵魂。文化软实力是一个国家综合实力的重要组成部分。从某种意义上来说,文化兴则国兴,文化强则国强。大学生承担着"建设社会主义文化强国"的责任,要加强对他们文化方面的教育。从党的十八大明确的"建设文化强国"到党的十九大坚定要"坚定文化自信","文化建设是灵魂"已然成为社会主义事业总体布局的重要组成部分。当前,高校在大学生社会责任感培育中文化元素融入不足,文化育人的氛围有待加强。校园活动是大学校园文化的核心组成部分,是校园精神文化、制度文化与物质文化的主要表现形式。丰富多彩的校园活动能够帮助大学生开拓思路思维、提升实践能力、培养团队精神、凝聚集体共识,从而有效激发大学生潜在的集体荣誉感与社会责任感。积极向上的校园文化活动,不仅可以塑造学生健康的精神面貌,还有助于带动学生专业学习的氛围,校园文化是高校理想信念教育的重要环节和有效方式。此外,通过中华优秀传统文化进校园、进课堂,激发大学生对中国古代灿烂辉煌的历史和中华优秀传统文化的自豪感,帮助大学生在学习中寻找传统文化的特色与闪光点,感受中华优秀传统文化带来的魅力与快乐,提高中华优秀传统文化在大学生中的吸引力、影响力和感召力,从而达到"以文化人"的目的。

5.2 制约因素

5.2.1 注重工具理性,忽略价值理性

教育内容与培养目标发生背离。大学生社会责任感的形成离不开课堂教

育,课堂教学的失当是当前责任感培育出现问题的重要因素。20 世纪 80 年代,我国教育界提出"素质教育",这是一场需要不断发展、完善的教学改革实践。①我国传统教育曾成功培育出古代具有"修身、齐家、治国、平天下"责任意识的贤人志士。改革开放后,受市场经济体制变革、现代科技工具和经济主义的影响,社会、学校的教育开始侧重对科学文化知识的工具理性追求,侧重功利主义的应试教育和知识教育,忽略了对学生责任、道德精神的价值理性培育。纯粹的"知识教育"以"灌输"为主要方式,忽视了大学生的主体精神和自我选择,是脱离社会体验、偏离学生主体精神的教育。这样的教育培育出来的学生是片面发展的,缺少创造精神,不能很好地承担责任。同时,由于我国应试教育的固化,高校更倾向于把成绩作为衡量学生能力的主要标准,把升学率、就业率作为衡量学校教育水平高低的标尺,一味注重知识、技能的教育,忽视了对道德、素质的培育,致使一些学生社会责任感偏低。

以互联网为标志的信息时代,信息技术的广泛应用,方便了人们的交往和生活。通过网络,人们即便不走出家门,也能知晓社区、社会以及国家间的热门事件,通过手机、电脑等通信工具就能完成日常工作,购买所需要的各类商品,人与人、人与物的沟通互联实现了零距离沟通。但网络技术在提供便捷生活的同时,也带来一些不良影响,主要表现在西方不良思想的渗透,西方国家通过影视、书籍、网络等媒体向大学生推送利己主义、自由主义、金钱至上等价值观念,企图引起他们思想错位,进而淡化他们对国家的社会责任意识。一部分大学生沉溺于网络游戏,畅游于虚拟世界,抛弃学业,既不利于大学生身心健康,也对大学生承担应有的社会责任形成严重障碍。

在一些地方也出现了一些错误理念,片面追求经济大幅增长,盲目追求经济效益,过度追求工具理性的经济效应,忽视了对环境和资源的保护,忽视了对他人和集体的关心与交流,忽视了人们精神层面的生活方式,生态环境受到严重破坏。在推进自由、民主、开放、竞争的进程中,单方面强调个体的自由和权利,忽视了对人们应尽责任和义务的强调,快餐消费的氛围造成部分大学生片面追逐对自身利益的满足,淡忘了对国家、社会和他人应有的关怀,忽略了自身应尽的社会责任。

---

① 翟振元.素质教育:当代中国教育改革发展的战略主题[J].中国高教研究,2015(05):1.

5.2.2　缺乏系统性评价机制

大学生社会责任感的培育是一项系统工程,涉及方方面面,科学合理的评价体系和评价指标有利于加强对受教育者社会责任感培育的目标、内容、方法和过程等方面的管控,增强培育的实效性。但是,从当前培育的实施情况看呈现出的培育环节碎片化,培育的评价体系还不够完善,主要体现在三个方面。首先,评价主体单一,对大学生社会责任感的评判,主要取决于思想政治理论课教师或辅导员的评价,学生的自我评价、家庭评价、他人评价及社会评价等并未主动纳入评价体系之中,评价的结果较为片面,评价来源比较单一,缺乏综合性和全面性。其次,评价内容带有应试教育色彩,注重受教育者对社会责任理论知识的学习态度和学习结果,对学生实践能力的考察非常欠缺,使学生对社会责任感的认识停留在书面上,理论和实践的结合远远不够。最后,评价方法缺乏科学性,通过考试、测验的方式虽然能够得到评价的分数,但大学生在社会责任感培育过程中的情感体验和思想态度到底如何,还缺乏行之有效的考察评价机制,这种重考试结果轻实践体验过程的评价,并不能全面地真实地反映培育实效,因而也是缺乏科学性的。

社会责任感的培育必须借助"实践"这一载体,但其客体是观念、认知、价值而不是"实践"本身,必然导致"社会责任感缺失"的尴尬处境。当前我国高校教育中还存在对社会实践教育不够重视的问题。同时,由于课程安排和就业压力过大,很多高校对实践要求比较随意,主要通过报告或论文考查学生的实践活动。有的学校为了应付检查,草草组织实践活动,只宣传活动的规模、主题和形式,忽视了具体操作过程的讲解和活动效果的总结、分析。这种只重形式,不重结果和过程的行为,没有系统评价考核标准体系会使学生产生轻视社会实践的心理,认为实践是无意义的,从而弱化了责任感培育的效果。

5.2.3　传统教育模式的影响

1)传统的教育模式和教育体制重技能和知识,轻德育

长期以来重智育、轻德育的现象在学校教育中普遍存在,唯分数论成败,招生考试模式固化了片面追求升学率的教育体制。在这样的环境下,造成学校和学生过分追求考试分数,忽视了人格素养和思想修养,这也是造成学生在进入大

学后责任感薄弱的重要原因。大学教育阶段,学生们注重专业技能和专业知识的获取,高校的思想政治教育和德育教育缺少了新颖性和时效性,文化的伦理思维忽视理念和精神教育,缺少了对大学生道德品质、价值认同、民族情感、人文精神和国家情怀的培养,注重说教,忽视理念、精神教育。承袭传统经院教学模式,以客体化的知识传授割断了与生活和实践的联系,陷入知行分离之困境。重单项宣传教育,忽视了个人价值与社会价值的良性互动,社会责任价值导向失去了最初推动力。导致部分大学生价值判断中的实用主义、功利主义倾向,不懂如何关爱他人、如何承担社会责任。

2)教育方法单一,缺少创新

思想政治教育方法单一,缺少创新,忽视思想政治教育和德育教育的实践载体和有效抓手。高校的思想政治教育在培养大学生社会责任感时主要依靠思想政治理论课堂教学,强调理论灌输和知识记忆。学生只是被动地接受,缺少了主动的思考和参与,使得责任感的理解只停留在表面,无法通过认识转化为情感,更难引发责任行为,导致知行分离。一些高校对思想政治教育、社会科学等相关学科的建设重视不够,致使这些学科建设不能紧跟时代潮流的风向标,进而使得思想政治教育内容理论化、僵化,与新时期的教育内容严重脱节,不能紧密联系当前大学生的思想、生活,缺乏现实针对性,教学手段落后,教育方法单一古板,从而影响了教育的实际成效。社会责任感的培育必须借助"实践"这一载体,因为责任感教育培养中的客体是观念、认知、价值而不是"实践"本身,否则会陷入"社会责任感缺失"的疑问和困境。

3)教学方式碎片化

高校大学生社会责任感培养中,课程教育零散、不系统,未实现与社会、家庭有序衔接。高校为大学生社会责任感的培育工作做了不少努力,但在实际的培育工作实施过程中依然存在着一些思想障碍。一些高校重智育轻德育的现象仍然存在,在教育培养目标中对社会责任感培育缺乏整体的规划,人才培养的目标仍然带有一定程度的功利色彩,大学生的人文素养教育还没有形成完善的体系,日常课堂教学中道德育人的责任感教育比较弱化甚至常常被漠视,导致大学生社会责任感教育缺乏明确的培育目标的引导,也不能构建完整的教育方案,教育效果仍然不能令人十分满意。

4)知行背离困境

经院式教学,陷入知行分离困境。思想政治理论课堂教学是高校实施思想政治教育的主阵地。学校通过思想政治理论课向学生讲授思想政治意识和责任观念等基础知识，培育学生的社会责任感。但在课堂教学方式上，教师依然采用说教式、灌输式的教学方法，只将理论知识、原理机械式的传导给学生，缺乏与现实生活联系的扩展、应用，使得学生学习的积极性和主动性普遍不高，不少学生在课堂上玩手机、打瞌睡，甚至有的学生逃学翘课，课堂犹如虚设。这种课堂教育模式，缺乏足够的吸引力，很容易让他们产生抵触情绪，不但不能促进大学生自身素质的提高，反而还会阻碍其社会责任感的培育和养成。实践是认识的基础，理论来源于实践并反作用于实践。实践是大学生提高综合素质的关键，对大学生自觉服务社会、修养品德、强化责任感起重要作用。

5)单项灌输，忽视价值和精神引导

改革开放以后尤其是市场经济的发展，极大地激发了我国社会的创造活力，随着国门打开，西方价值观念随之涌入，西方的物质主义、消费主义、唯经济主义的意识形态开始影响我国社会，与我国传统的价值观念和道德规范发生冲突，在社会一些领域，制假、售假、欺诈勒索行为成为社会公害；文化事业受到严重冲击，不良网络屡禁不止；一部分民众国家意识和责任观念淡薄等。这些问题和现象给年轻的大学生也带来了困惑。在一些高校，社会责任感培育的内容不够全面，责任教育内容过度理论化，社会实践和社会关切贫乏或缺失，只关注道德责任的培育，忽视了对大学生社会责任、法律责任、生命责任等的教育，责任教育缺乏整体性、连贯性，还不能有效地把各种责任教育结合起来进行分析、说明，导致学生在承担责任、履行义务时，缺乏全面的思考，不能把它们有机地联系在一起。对大学生活主流价值观的培育和践行，涵盖了国家、社会、个体、各层面的价值追求，内容应该是十分广泛的。高校应重视对大学生价值导向和精神的引导，增加社会责任感培育的内容，必然成为丰富思想政治教育内容的内在要求。

5.2.4　大学生自身因素

1)社会责任认知缺乏

强化当代大学生的责任感，不仅需要外界的帮助，还需要大学生对自身有一个较为正确的认识，才能够明确了解社会责任。如果他们对自身缺乏正确的认知，就会影响培育的进程。人们如何认识社会、怎么认识自我，就会拥有与之相对应的生活方式。自我认识是自我调控的前提，是个体对自身所处的环境、拥有的资源、掌握的本领和对生活状态、身心状况的基本认识和总体反映。社会认识和自我认识相得益彰、互为促进,若一个人对自身的认识存在误解、偏差,那么势必会对社会的认识存在偏差。如果大学生自身拥有良好的生活状态和道德品质,就一定会对自我、对社会有较为正确的认识。当代社会的大学生群体,有相当一部分人并不知道自己读大学的最终目的,他们在步入大学校门前所做的种种努力和付出,都只是为了自己能上大学,能在毕业后找到一份舒适的、待遇优厚的工作,获取利益。至于步入校门后的人生目标和规划,可能是很多的大学生不会关注或考虑的范畴。在他们心里,大学的经历只是日后找到工作的一块敲门砖,在这种功利思想的驱使下,大学生越来越注重自我利益的满足,只关注自身的发展,忽视了对社会的贡献、报答,社会责任感逐渐减弱。

如果大学生不明白什么是社会责任认知,就不会有对社会负责的意识,就会逐渐以自我为中心,变得自私自利。社会认知是人们对社会的特点、矛盾及其关系的了解、分析和评价。目前,从总体上来看,虽然大学生具有一定的使命感和责任心,但是从现实情况看,部分大学生沉溺于自由的校园生活中,很少参与社会实践,缺乏与社会的接触。他们对社会的看法局限于已有的认知,思想不够成熟,缺乏理性的思考,因而不能全面地看待问题、分析问题,就会对社会产生误解,对社会中的不文明现象做出不理智的行为。还有一些大学生自我控制力不强,心理素质较差,在遇到失败、挫折时,往往不知道该怎么解决,只是一味地逃避。因此,大学生社会责任感的培育需要社会、高校、家庭和自身一起尽其所长,形成教育合力才能收到良好的成效。

2)自我意识不足

自我意识是意识的一种特殊的表现形式,是对自己的存在状态以及自我同周围的人和事物的关系的认识,简单地说,自我意识其实就是对自己与他人之间关系的判断和认知。自我意识一旦形成和固化,就会决定主体认识的对象、方向和范围,就会对主体自身及其活动起控制和调节的作用。当代大学生大多是在独生子女家庭中长大,从小生活条件优越,在传统“应试教育”的指挥棒下,学习的终极目标是考上大学,而在成长的道路上,对于怎样实现人生目标没有明确的定位,也缺乏实现目标的奋斗准备,自我意识不强。在中小学时,他们大都是在家长和老师的监管之下,进入高校以后,周围的世界发生了很大的变化,新的学习环境、人际环境、社会环境都需要他们去调整去适应,而大学阶段宽松的学习氛围和管理模式更需要自我管理。大学时期是成长成才的关键时期,自我意识也是在这个时期不断觉醒和提高,但因为生理上的成熟和心理上的断奶期交织,导致大学生自我意识不成熟,自我认知、自我管理、自我意识能力差。

自我意识的发展演化会受到个体心理和周围人际关系等事物的影响,在一定时期具有不稳定性的特征。大学生因为自身的心理特征和自我意识的不断觉醒所表现出的利己主义倾向是造成个体差异的原因之一,考虑问题更多的是从自身的角度出发,重个人目标和价值实现,忽视了公共道德和社会意识,导致对社会的认知不能转化为社会道德情感和肩负的社会责任。大学生的生理和心理状态决定了他们正处于少年向青年成熟期的过渡,其世界观、人生观、价值观会随着阅历的增多逐渐趋于稳定。在这种情况下,由于一些大学生对周围关系的变化把握不准,调整不当而对自己的认识方面产生了一些偏差,自我意识盲目错乱,不能正确处理个人与他人、与集体、与国家之间的关系,不能正确认识和处理个人理想与社会理想、个体责任与社会责任、现实利益与长远利益、个人利益与集体利益、自我价值与社会价值等之间的关系,导致以自我为中心的偏向明显,利己主义思想严重。在这种意识的驱使下,一些大学生把自己的前途和利益放在第一位,不切实际地重视个人理想轻视社会理想,缺乏主人翁意识和社会责任感,当个人利益与他人、集体和社会的整体利益发生矛盾和冲突时,只强调个人利益和自我价值,个人主义和功利思想占据上风,缺乏履行义务的自觉性,缺乏为社会做贡献的精神和责任担当,影响了大学生社会责任感培育的实际效果。因此,帮助大学生纠正其自我意识偏差,有助于培养其健康人格,有助于他们形成良好的社会责任情感。

5.2.5　社会不良环境影响

当前,中国正处在前所未有的转型时期,从社会转型来看,涉及社会结构的转换、机制的转轨、人们利益的调整和观念的转变等方面,正处于深刻的变动之中,社会形态也在发生转化。经济利益多元化,价值取向多元化,生活方式多样化,诚信机制、法制体系和规章制度有待完善,这都向国家的治理体系和治理能力提出了更高的要求。我国的各项改革向纵深推进,在这种变革转型的过程中,从国家、社会再到具体的个体都会遇到许多新问题,面临诸多新挑战。各种问题和风险随之而来,不正之风滋生,道德失范、心理失衡、享乐主义、拜金主义、娱乐主义盛行,价值失序,收入差距和贫富差距扩大,环境资源生态问题频发,等等。种种问题直接影响到社会的信任和民众的信心,损害了党和国家的形象,这些问题阻碍了社会进步,是影响大学生社会责任感培育的不利诱发因素,严重抵消了学校思想政治教育工作的成效,不利于大学生社会责任感的培养。

5.2.6　家庭教育弱化

"父母是孩子的第一任老师。"父母的一言一行影响着子女性格的形成。当前,家庭教育中的一些功利化和工具化倾向明显,只有一小部分的父母期待孩子"成人",大多数家庭的父母期望自家的孩子能够"成龙""成凤"。父母为了让孩子取得优秀的成绩,出类拔萃,不惜花费大量财力物力进行"智力投资",却忽视了对孩子素质、品格的培养、教育。家庭代际关系的发展,使得孩子成为一个家庭的中心,不缺爷爷奶奶外公外婆的宠,也不缺爸爸妈妈的爱,父母的一言一行潜移默化地影响到孩子,爷爷奶奶、外公外婆对孩子的娇生惯养、有求必应、过于宠爱,导致孩子任性、以自我为中心,缺乏承担责任的意识和能力。自改革开放以来,大部分家庭都是独生子女,父母在关心、保护、教育孩子的同时,忽略了对孩子责任观念的培养,忘记了孩子也是需要承担一些责任的。为了不让孩子受苦,在物质上尽可能满足孩子,在做事上尽可能代为办理,部分家长宁愿为孩子做值日、穿衣梳洗、整理书包甚至代其做家庭作业。这种有意无意的"关心"和"保护",使孩子丧失了独自生活、承担责任的能力。在这样的家庭环境下长大的孩子,常常会形成以自我为中心的性格,自私自利,缺乏同理心,忽视周边的人和事,只懂得接受不懂得付出,习惯了顺利成章的获得和索取,而淡忘了付出与给予,从而成为导致他们缺乏社会责任感的家庭因素。

良好的家庭氛围是培育子女责任感的基本条件。要想让孩子成为有责任心、有担当的人,父母首先应该是积极承担责任的人。有些父母自身责任感缺失,不能给孩子以身示范起好的榜样,导致孩子逃避承担责任。营造良好的家庭责任氛围,能够在无形中感染孩子、影响孩子,让责任心这颗小种子在他们内心深处生根、发芽、成长,进而形成良好的责任感。而父母的相互指责谩骂争吵、互相推卸责任等不良的家庭氛围,极易给孩子带来负面影响,促使孩子不爱表达、逃避责任。当前,仍有一些父母不会和孩子进行有效的沟通、交流,在谈话的过程中很容易激化矛盾、引起冲突。不良的沟通方式或无效的沟通,往往导致父母不知道到底怎么去表达、怎么去解决问题,陷入了进退维谷的境地。在平时的家庭教育中,有部分家长又表现出一副唯我独尊的家长制作风,总在子女面前滔滔不绝,没有站在孩子的角度去思考、感受,造成孩子不善于表达,开始逃避他人,只关注自身的内心世界,抑或是陷入网络虚拟世界寻找情感的满足,逃避社会现实,这些不良因素都不利于对孩子社会责任感的培育。

第6章 国内外经验启示

6.1 国内经验启示

梳理大学生社会责任教育的发展历程及教育实践可知:我国大学生社会责任教育总体上是成功的,也有许多经验值得新时代大学生社会责任教育借鉴。其中最重要的一条就是:在中国共产党领导下,大学生社会责任教育要与多部门保持密切联系,发挥协同创新作用,体现与时俱进的时代特征。

6.1.1 坚持党的领导

大学生社会责任教育要以中国共产党的领导为核心。具体包括以下三方面。

(1)大学生社会责任教育要坚持中国共产党的政治领导。中国共产党对大学生社会责任教育的政治领导主要指中国共产党对有关大学生社会责任教育的路线、方针、政策等方面的领导,对大学生社会责任教育的政治立场、政治方向、政治原则、政治道路等方面领导。党和国家从 1980 年到 2005 年至少颁布了 21 个文件,涉及高校思想政治教育和大学生社会责任教育各个方面。新时代思想政治教育要以培养担当民族复兴大任的时代新人为目标,回答"培养什么样的人、如何培养人以及为谁培养人"这个根本问题,也是永恒主题。一方面,十八大报告首次把"立德树人"确立为教育的根本任务,这是对十七大"坚持育人为本、德育为先"教育理念的深化。坚持立德树人,就要明确所立之德是何种道德,所树之人是何种人才。在党的十九大报告中，习近平总书记明确指出："要全面贯彻党的教育方针，落实立德树人根本任务，发展素质教育，推进教育公平，培养德智体美全面发展的社会主义建设者和接班人。"2018 年 9 月 10 日，在全国教育大会上习近平总书记进一步指出："培养德智体美劳全面发展的社会主义建设者和接班人"，将"劳育"纳入全面发展的要求，在学生中弘扬劳动精神，以培养担当民族复兴大任的时代新人这个"大"目标为着眼点。这些都是党对教育事业和人才发展目标从政治的高度做出的具体要求和指导。

（2）大学生社会责任教育要坚持中国共产党的思想领导。中国共产党对大学生社会责任教育的思想领导主要指以马克思列宁主义、毛泽东思想、邓小平理论、"三个代表"重要思想、科学发展观和习近平新时代中国特色社会主义思想为指导，在有关大学生社会责任教育的理论渊源、理论创新、理论完善等方面的领导，在有关大学生社会责任教育的思想方法等方面的领导。

（3）大学生社会责任教育要坚持中国共产党的组织领导。中国共产党对大学生社会责任教育的组织领导主要包括两方面。一是坚持党管干部原则。坚持这一原则就是要制定好干部路线，确定大学生社会责任教育干部选人用人标准，组织大学生社会责任教育干部接受培训、经受实践锻炼，建设高素质大学生社会责任教育干部队伍。优化大学生社会责任教育领导班子知识结构和专业结构，注重培养选拔政治强、专业精、善治理、敢担当、作风正的大学生社会责任教育领导干部。深化大学生社会责任教育干部人事制度改革。二是坚持抓好基层工作。抓好这项工作就是要加强大学生社会责任教育基层组织建设、党员队伍建设，充分发挥基层党组织和模范党员作用，把党有关大学生社会责任教育的路线方针政策和重大工作部署落实到基层。

6.1.2　多部门协同创新

大学生社会责任教育是一项系统工程，需要多部门齐抓共管才能取得效果。

1）从纵向上看，大学生社会责任教育要国家、地方齐心协力

国家要发挥大学生社会责任教育的宏观管理职能。国家职能包括对内职能和对外职能。国家对内行使着政治统治和社会管理的职能，对国内社会、经济、文化、教育、军事、生态、国防、外交等各方面进行宏观管理。大学生社会责任教育自然也属于国家宏观管理范围之内。国家对大学生社会责任教育的宏观管理

体现了两个特性。一是政治统治性。大学生社会责任教育更多的是一种思想政治教育,按照思想政治教育定义,思想政治教育具有阶级性,是统治阶级维护阶级统治的工具。因此,国家对大学生社会责任教育的宏观管理要体现政治统治性。二是社会管理性。从教育内容看,大学生社会责任教育关注的是社会责任。社会责任需要人们在社会生活中通过社会活动体现出来,而人们的社会生活和社会活动受到一定社会规范的制约,接受国家对社会的管理。从教育实施者看,大学生社会责任教育不仅仅是教育部门的事,还涉及社会中的经济、文化、日常等各方面。如:经济方面,要设立大学生社会责任教育的专项资金,保证大学生社会责任教育的有效持续投入;文化方面,要创设大学生社会责任教育文化氛围,发挥文化育人的独特功能;日常方面,要拓宽大学生社会责任教育的日常生活渠道。

地方要依据国家方针政策加强地方大学生社会责任教育的管理。地方部门一方面要认真贯彻落实好国家关于大学生社会责任教育相关方针政策,另一方面还要根据地方特色,开展具有地方特色的大学生社会责任教育,如:红色资源比较丰富的地方,可以将红色资源的开发利用融入大学生社会责任教育当中。因此,地方要将国家关于大学生社会责任教育相关方针政策与地方实际相结合。

2)从横向上看,大学生社会责任教育要社会、高校、家庭紧密配合

首先,从名称上看,既然是大学生社会责任教育,那么必然要涉及社会。另外,从教育途径方法看,大学生社会责任教育需要大学生参加社会实践。在社会实践中,必然要受到社会规范,社会有关部门的管理。其次,高校是大学生社会责任教育的主要承担者,要将培养有社会责任的大学生作为目标之一。大学生社会责任教育的承担者包括高校、社会其他部门、家庭等,高校是专门对大学生进行系统教育的地方,有专业的教师、规范的课程、完整的计划,完善的设施。另外,大学生的大部分时间都是在大学校园度过的,大学时光是大学生学习的大好时机,大学生社会责任教育要把握好这一时机。因此,高校是最主要的承担者。学院是大学生社会责任教育的直接承担者,要按照学校统一部署行事。还要通过培养班集体,培养班级责任,从而加强大学生社会责任感。最后,家庭在大学生社会责任教育中起着潜移默化的作用。大学生社会责任教育的基础在于成人之前的家庭责任教育。即,对孩子进行的对自己、对家庭成员的责任教育。因为,家庭也是一个社会。总之,社会、高校、家庭有着密切联系,"家庭教育是启

蒙、学校教育是主要途径,社会教育是家庭教育和学校教育在社会上的扩展和延伸"①。

6.1.3　坚持与时俱进

与时俱进是马克思主义关于一切事物都是联系、变化、发展的表达,也是马克思主义的一大特征。与时俱进指的是站在社会时代前列和实践前沿,坚持解放思想,实事求是,一切从实际出发,开拓进取,准确把握时代特征,在大胆探索中继承发展。大学生社会责任教育要与时俱进就必须做到以下几方面。

(1)大学生社会责任教育要体现进取性。大学生社会责任教育要有一种时不我待、不进则退的紧迫感,要有一种历史忧患意识,奋发有为的精神,不甘示弱的雄心壮志。

(2)大学生社会责任教育要体现时代性。大学生社会责任教育的理论和人们对大学生社会责任教育的认识要跟上社会的步伐和时代的发展,不仅要与时代同步,还要把握世界发展大趋势。

(3)大学生社会责任教育要体现开放性。大学生社会责任教育要求人们要有世界眼光和战略眼光,在分析问题、解决问题时,一方面要着眼国内现实与未来的情况,另一方面还要着眼世界现实与未来的情况。

(4)大学生社会责任教育要体现创新性。大学生社会责任教育的创新性要求人们不断发现和掌握关于大学生社会责任教育的新真理,从而避免大学生社会责任教育真理可能因跟不上事物的发展变化而产生偏差或变为谬论。从我国大学生社会责任教育的历史进程中可知,我国大学生社会责任教育在各方面都体现了与时俱进的特征,都体现了进取性、时代性、开放性、创新性。

6.2　国外经验启示

6.2.1　美国、德国、新加坡责任感教育特色

(1)美国经验。美国对责任感研究的比较多,是现当代公民教育理论研究起源的地方,有很多学派和学校社会实践,对其他国家公民教育的影响甚为广泛。

---

① 程雄飞,卢忠萍.邓小平《用中国的历史教育青年》及其对青年红色革命史教育的启示[J].山东青年政治学院学报,2017(1):32.

学校从不同方面对学生责任心的培养进行引导,一是增强学生们自我责任意识的教育,通过提高学生自己的自尊心和自信心,加强他们的自律意识和自身的修养,提高他们自身解决困难的能力;二是加强社会责任感的教导,增进学生对国法的认知,使他们明晰自己的职责和义务,让学生自觉承担应有的社会责任。同时开设多元课程丰富学生的个人道德品质,推广通识教育提升公民责任认知,开展社区服务学习,督促公民责任行动,理论与实践相结合,培养学生的责任意识。学校通过学科教学普及强化对美国政治、经济等优越性的宣传,社会则通过宗教信仰、大众传媒、节日庆典等补充完善爱国主义教育、培养青少年对国家的认同感,激发他们的爱国主义热情。美国对青少年公民责任意识教育侧重于通过礼仪规范、家庭道德等体现美国国家主体意识形态和价值观念的道德准则来培育公民个人道德品质。

(2)德国经验。德国在教育思想和制度上,对各国有较大的影响。德国比较重视群众的公民教育,以培育公民的爱国情操和国家自豪感作为责任教育的重要目标,主张教育学生习惯团体服务,在自觉参与、贡献的前提下,增进整体发展,经过协同劳作唤醒对一切行为都要负责的责任感,立足实践锤炼,造就他们的德行品格和各种能力。在大学时期,德国通过专业教育来培养学生的社会责任感,在道德教育上,则以讲授行为规范和优良美德为重点,并与社会实际生活相连。学校公民教育的根本是宗教教育,这也是德国公民责任教育突出的特点。德国近现代教育的基本理念和目标是培养品格完善、境界崇高的人才。家庭教育的理念是塑造完整的人格[1]。"二战"后,德国人非常重视培养孩子的善良品质,认为良好人格品质的养成比知识的获取更为重要。因此,培养孩子仁爱、友善、宽容和社会责任等优良品质,是德国家庭教育的主要内容。在德国,"公民教育应教育公民具有坚强的意志,具有宽容的品德,具有民主思想,具有人道主义的精神,具有科学人文的修养,具有高尚的信仰"[2],强调公民的责任和义务教育,政治养成教育和伦理道德教育,培养学生反对错误的勇气和新的民族精神。在教育方式上,德国家长更是注重细节,如通过自己的身体力行来营造良好的家庭教育氛围,不放纵和溺爱孩子,引导孩子参与家庭劳动,让孩子学会关爱他人;教会孩子饲养小动物,鼓励孩子参与公益组织等,对孩子进行善良教育;定期带

---

[1] 朱婕.德国家庭教育的经验及对我国教育的启示[J].教育探索,2015(5).
[2] 程炜.德国公民教育与德国的公民信息教育[J].继续教育研究,2016(9):110.

孩子到养老院等地,鼓励孩子为老人洗衣服、打扫卫生,对孩子进行怜弱教育。同时,在参与过程中,让孩子认识自己所承担的社会责任,了解自我实现的途径。在认知教育方面,德国人强调对孩子的教育应置身于与其息息相关的生态环境中,探索和了解万物。德国的教育界认为,让孩子与具体事物接触,通过实践和具体感受积累直接经验。德国同时建立开放协同教育网络,德国家庭教育法使德国家庭、学校、社会形成了有效的教育合力,营造了良好的教育氛围。

(3)新加坡经验。新加坡一向着重提升国民整体素质,竭力加强公民品德建设,在接受和推崇我国儒家传统价值观的基础上,积极学习引进西方先进文化,形成了兼备东西方特色,又适合本国国情的公民教育体系。新加坡以国家意识教学、儒家伦理与道德教学、法制教学和家庭价值观教学为公民学习的主要内容,并明确提出了"国家至上、社会为先"的共同价值观。新加坡学校的公民教育以新加坡精神为底蕴,以《好公民》为教材,以"新公民学""公民与道德"为课程,通过日常行为规范教育、课外活动、社区活动"挖掘他们的潜力,培养他们成为良好的公民,让他们意识到对家庭、社区和国家的责任"[1],为学生生活、就业做准备。在培育方法上,新加坡充分发挥学校教育的主导作用,以"精英教育"增强大学生的公民责任,推行品格学习学科,鼓励学生参加社区服务,以增强他们的责任感,同时也重视家庭环境教育和社会公共教育。新加坡高校注重大学生价值观塑造与价值判断选择能力培养,新加坡前总理李光耀曾指出:"一个社会有怎样的表现,是要看他有怎样的文化价值观。"[2]新加坡在建国之初,就颁布了《学校公民训练综合大纲》,开设公民与道德课程,开展公民教育与公民训练,强调爱国、效忠和公民意识的培养。

6.2.2 域外国家教育共性:注重社会责任文化教育

积极借鉴国外社会责任文化教育。中国社会进入新时代,对外交往深度、广度、效度更加明显。大学生也要有新时代中国外交的参与意识,要有世界眼光,积极学习、借鉴国外一切优秀文化成果,为我所用。因此,新时代大学生社会责

---

[1] 张欣鑫,荀伟高.教育为学生生活、就业、成为良好公民做准备——新加坡教育部部长(学校)黄志明在第十九届校长任命暨受赏仪式上的演讲[J].世界教育信息,2017(3):19.

[2] 胡俊生,李期.现代化进程中的价值选择——新加坡的"公民与道德教育"及其对我们的启示[J].延安大学学报(社会科学版),2003(2):117.

任文化教育除了要立足于本国的经验汲取、进行大学生社会责任教育积累的经验学习,还要借鉴国外社会责任文化教育中好的做法。国外社会责任教育主要是公民责任教育。我们可以从理论与实践两个方面通过分析国外公民责任教育文化来分析国外社会责任文化教育所包含的内容。

1)国外社会责任的理论文化教育

国外社会责任的理论文化包括国外公民责任教育的自由理论文化、共和理论文化、社群理论文化等。自由理论文化提倡以公益为目的的积极自由,经济上的机会平等与经济福利高于个人自由,国家干预要明智,主张平等的自由。国外公民教育注重个人自决能力,中立与平等价值观及以勇敢、礼貌、容忍、守法、独立、批判力为内容的公民政治自由美德的培养。共和理论文化强调国家统治的法治性、权衡性,政治制度的公共性、公平性,公民美德的正义性、崇高性。国外公民教育还注重公民美德教育,包括爱国主义教育、公益参与教育、公共精神教育等。社群理论文化主张个人在社群中的自由以个人对社群的义务为基础,并能在社群中获得奉献、利他、互助、正直等好品德,注重社群公民资格的认证和培养。可见,外国社群理论文化强调公民责任教育要通过社群政治参与实践活动来培养公民的社群认同感、归属感和责任感,做一名合格的社群公民。公民责任教育注重公民不同文化、价值观的认同教育,培养他们宽容态度。

2)国外社会责任的实践文化教育

社会责任重在实践,在社会责任实践中形成的全部精神活动及其产品称为社会责任实践文化。美国高校一直重视大学生个体责任和社会责任的培养。[①]美国学校的公民教育主要通过包含人类学、历史学、政治学、社会学等内容在内的"社会研究"这门综合课程来实施,旨在培养学生的独立实践意识和责任感,带有很强的政治教育性质,包括政府及其职能教育、美国民主政治教育、美国公民文化教育等方面。这种课程除了以《社会科课程标准:卓越的期望》为大纲,在主题轴课程理念指导下,朝着一体化、综合性、开放性发展,"还积极鼓励各种形式的社会实践"[②]。英国学校的公民教育主要通过宗教教育和道德教育的途径来进行,以"公民科""历史科"为核心课程,以"个人、社会与健康教育"为外围课程。这一课程基于这一认识:"哲学是灵魂和主脑,它帮助人们树立基本的世界观和

---

① CHECKOWAY,B. Public Service:Our New Mission[J].Academe,2000(86):24-28.
② 范卫青.美国高校公民教育实践及启示[J].学校党建与思想教育,2014(2):95.

方法论,居于课程体系的核心位置,由此往外推及,依次分别是公民知识、公民意识、公民技能、公民德行和公民实践。"①可见,培养全面发展的公民是英国公民教育的目标。法国学校的公民教育受到本国政治文化传统影响,由国家干预,注重"构建共同价值观念,如自由、平等、博爱、世俗化、社会公正、消除种族歧视等;强调推动学生道德认知、批判精神、个体与集体责任感的形成与发展"。② 同时,注重公民资格和人权的教育。其课程先后有"共和国公民的伦理与道德""公民爱国教育""公民道德教育""公民、法律及政治教育"等,采取的方法有差异教学法、辩论教学法、社会参与教学法等。可见,国外公民责任教育实践普遍注重课程设置的综合性,公民素质的全面性,实践活动的参与性,文化差异的理解性。

由于各国的国情和发展程度不尽相同,每个国家关于培育大学生的社会责任感都有自己的独特之处。西方国家虽然没有明确采用"德育"或"思想政治教育"的概念,但许多国家都把加强和改进道德教育作为教育改革的重中之重,国外对社会责任感的培育,大都寓于公民教育之中。教育模式贯穿于公民教育,教育内容多样化,实践载体丰富。通过德育教育的实践化、生活化,将学校德育重点转移到发展道德思维和培养道德能力上来。如,德国历来注重培养学生的德意志民族精神,这种精神主要表现在爱祖国、具有民族自尊心、爱劳动、为信念而执着追求等方面。在历史课、地理课、德语课的教学中,注重让学生学习德国的民族英雄和著名人物的思想,培养学生具有民族优良文化传统和高尚气质,对工作、对国家的自豪感和愿意为之而献身的精神。③

域外国家的德育教育体现出:尊重学生主体性,发挥学生的主动性;通过德育教育的实践化、情境化和生活化来培育道德思维和道德能力;通过丰富多彩的校园文化活动营造良好的育人环境;坚持德育的渗透性教育和灌输性相结合;重视文学、历史、哲学、政治伦理等课程并贯穿于管理和服务的各环节,重视价值引领和塑造。这些都可以为我国高校思想政治教育工作和大学生社会责任感的培育提供有益的借鉴。

---

① 刘海涛,张月梅.美国高校公民教育实践及启示[J].学校党建与思想教育,2017(1):114.
② 景立燕.法国:将开展新公民与道德教育[J].人民教育,2015(15):9.
③ 刘志超.西方国家学校德育教育的启示与借鉴[J].当代世界与社会主义(双月刊),2008(6):76-79.

第7章 大学生社会责任感培育的基本原则和要求

7.1 基本原则

不同时期的大学生有不同的特点,这是特殊性。但是,作为大学生这一群体,他们也有某些共性。大学生社会责任感培育要坚持科学的原则和要求。

7.1.1 理论教育与实践培育相结合原则

大学生社会责任感培育不能简单地从理论到理论、从课堂到课堂、从书本到书本,必须遵循"实践—认识—再实践—再认识"的客观规律,通过学生的理论学习和实践体验,使知识上升到理论,理论升华为信念,用信念铸造理想和责任,用责任感指导责任行动。大学生社会责任感教育坚持理论联系实际的原则,要明确以下三点。

(1)明确大学生社会责任教育中的"理论"和"实际"。新时代大学生社会责任教育不能仅仅从社会责任教育角度来谈,而应该从多角度、全方位、立体式地来看这个问题。如果多角度、全方位、立体式地来看这一问题,那么大学生社会责任教育就是一个体系,"理论"和"实际"都有各自的体系。厘清三个具有紧密逻辑关系的问题,即:新时代大学生社会责任教育是什么,为什么要进行新时代大学生社会责任教育,怎样进行新时代大学生社会责任教育。对这三个问题的理论阐释构成了新时代大学生社会责任教育中的"理论"体系。其中,关于是什么的理论阐释主要包括相关概念的阐释及其特征、构成要素;关于为什么的理论阐释主要包括新时代大学生社会责任教育对自己、对别人、对家庭、对社会、对国家等方面的意义;关于怎样进行的理论阐释主要包括新时代大学生社会责任教育的方法、原则、路径等。

(2)大学生社会责任教育中的"理论"还涉及多个学科领域的理论,如:教育理论、传播理论等。"大学生"指出社会责任教育的对象是大学生,这就涉及大学生方面的理论。"新时代"指出了大学生社会责任教育的时代背景,这就涉及新时代中国特色社会主义方面的理论。新时代大学生社会责任教育中的"实际"是指教育中的实际情况。这些实际情况也不是单一的,而是相互联系的一个统一体。社会责任教育涉及学校、家庭、社会,因此,在进行社会责任教育的时候要考虑到学校、家庭、社会的实际情况。此外,还要考虑大学生在学校学习、生活和参加活动等方面的实际情况。理论教育并非大学生获取社会责任感的唯一源泉,更为重要的是受教育者参加丰富的社会实践,更能使这种责任情感变得更为稳定和持久,这是大学生提高社会责任意识的重要的现实依据。目前,社会责任感培育主要依靠高等院校的思想政治课,单纯依靠教师的课堂知识讲授,使大学生获得一定的理论知识是远远不够的。空洞乏味的讲解,只会让学生对各种抽象的理论概念感到麻木和厌烦,并不能带来大学生责任情感的认同和责任实践行为的产生。唯有把理论与实践有机结合,重视学生的核心价值观践行和自觉承担责任行为习惯的养成,实现知行合一,才能有效增强他们的社会责任感。

(3)构建大学生社会责任教育中理论与实际的双向互动模式。在大学生社会责任教育中坚持理论联系实际原则,就是要构建理论与实际相结合的双向互动模式。知行合一是明代思想家王阳明提出的重要哲学思想,其含义是知中有行,行中有知,知与行辩证统一。用大学生社会责任教育理论分析实际,用学习社会责任教育实际验证理论,使大学生在社会责任教育理论和实际的结合中理解和掌握有关新时代大学生社会责任知识,培养学生运用这些知识解决新时代大学生在承担社会责任中遇到的实际问题的能力。目的是保证大学生在接受社会责任教育中将所学的知识能够运用到大学生社会责任实践中去,使学生所学的理论知识与其来源不至脱节。

7.1.2 普遍性和差异性相结合原则

从大学生社会责任教育职责出发,力求普遍教育与差异教育相结合。大学生是一个差异性群体,责任培育要立足"坚持遵循教育规律、思想政治工作规律、学生成长规律……注重普遍要求和分类指导相结合,提高工作科学化精细化水平"①。普遍教育中做到全面性、宏观性,差异教育中做到个体化、针对性。在共性教育中寻找个性,在个性教育中寻求共性。有教无类是教育的出发点,普遍与差异教育是教育的职责。从学生特性出发,力求普遍教育与差异教育相结合。首先,大学生来自不同家庭、不同地区,他们成长环境不一、经历不同,个人理想和价值程度存在差别,具有层次性、多样性和阶段性的差异特性;其次,大学生普遍年轻,他们朝气蓬勃、积极向上、知识结构丰富,追求"雁过留声",又急切需要社会认可,有迫切希望实现人生目标和理想的共性。针对大学生的差异性,培育做到深入和贴近,急之所急,想之所想,不漠视不夸大;针对大学生的普遍共性,培育做到维护大学生普遍利益诉求,创造良好环境,鼓励有梦、激励追梦并助其圆梦。

7.1.3 开放性和与引导性相结合原则

大学生社会责任感培育要坚持开放与引导相结合的原则。开放性就是广开言路、畅所欲言、集思广益。引导性就是在疏通基础上对正确的观点加以肯定和赞扬,对不正确的观点,通过民主讨论、说服教育、批评与自我批评的方法,引导到积极、正确的方向上来。可见,开放是前提,而引导则是目的,二者相互统一,不可分割。在家庭层面,新时代大学生社会责任教育涉及父母、兄弟姐妹、原生家庭或者再婚家庭、亲戚,还有未来自己组建的家庭。在学校层面,新时代大学生社会责任教育涉及学校党委、共青团委、社团、学生生活服务部门、学院,专业课和非专业课,思想政治教育,心理健康教育,专业课任课教师和非专业课任课教师,普通教师和研究生导师,等等。在社会层面,新时代大学生社会责任教育涉及各级教育行政管理部门,社会服务部门等等。因此,新时代大学生社会责任教育的开放性,就是要调动家庭、学校、社会各层面的力量,广开言路,坚持开放办学,让所有从事、热爱、关心新时代大学生社会责任教育的各界人士畅所欲言,发挥他们集体智慧,为新时代大学生社会责任教育献计献策。肯定和赞扬正确的,并通过民主讨论等方式,批评和改正错误的。

首先,大学生社会责任教育工作者要积极发扬民主工作作风,让广大新时代

---

① 中共中央国务院印发《关于加强和改进新形势下高校思想政治工作的意见》[N].光明日报,2017-02-28(01).

大学生和相关教师畅所欲言,创造畅所欲言的浓厚氛围。这样,才能使涉及新时代大学生社会责任教育的教育者更多了解新时代大学生的学习、生活、家庭、思想等方面的实际情况,更好地把握新时代大学生各方面的思想动态和需求,找到合适的具体的疏通引导办法和角度。

其次,要坚持对大学生的正面引导和说服教育为主,在新时代大学生社会责任教育的过程中,一方面大学生社会责任教育工作者要坚持用马克思主义立场、观点、方法,对大学生进行马克思主义理论、社会责任理论等方面必要的灌输和积极的引导;同时,大学生社会责任教育工作者也要正视新时代大学生在对承担社会责任存在思想认识上的偏差,诚恳地指出问题,激发他们继续承担起应有的社会责任的自信心,调动他们在社会责任行动方面的积极性,促进他们有关社会责任思想方面的转化和提升。

再次,要将解决新时代大学生思想问题和解决他们的实际问题相结合。历史唯物主义认为社会存在决定社会意识,社会存在的变化发展决定了社会意识的变化发展,但社会意识的变化发展在具体某个阶段与社会存在的发展变化不完全同步,有可能先进于或落后于社会存在。社会意识是对社会存在的反映,社会意识对社会存在具有反作用,正确的社会意识推动社会存在的发展,落后的社会意识阻碍社会存在的发展。新时代大学生对社会责任的思想认识属于社会意识范畴,新时代大学生在承担社会责任当中遇到的实际问题属于社会存在。新时代大学生在承担社会责任当中遇到的实际问题会由于种种原因变得多种多样,当他们不知道怎么解决或错误地解决的时候,会给他们思想认识上带来困扰和混乱,这样有可能他们在承担社会责任面前推诿责任,停滞不前,大大削弱了社会责任教育的成效。因此,新时代大学生社会责任教育要坚持解决思想问题与解决实际问题相结合,正视而不是回避新时代大学生当前关心的具体问题和面临的各种大大小小的实际困难,要贴近新时代大学生的生活,正确认识新时代大学生关心的热点问题和学习生活中的实际困难,要分清性质,善于引导和帮助新时代大学生从政策上、心理辅导上、法律上寻找解决的方法。此外,还要引导新时代大学生正确面对有关承担社会责任中的实际问题,正确认识承担社会责任给自己带来的根本利益和长远利益,调动他们的内在积极性,培养团结协作精神,用集体主义精神和力量战胜承担社会责任行动中的困难。

最后,大学生社会责任教育工作者在进行社会责任教育时要以身作则、言行一致,遵守教师职业道德和《新时代高校教师职业行为十项准则》,用自己的实际行动和人格力量去影响新时代大学生、感召新时代大学生、带动新时代大学生,树立有责任与担当的新时代人民教师形象。只有在大学生社会责任教育当中做到身教与言教的统一,大学生社会责任教育工作者才能在新时代大学生当中树立威信,对新时代大学生的教育才有基础,对他们的引导才能有力量。

7.1.4　坚持"以生为本"原则

大学生社会责任感的培育工作的出发点和落脚点都是学生,主体也是大学生,这是对培育对象的基本尊重,有利于培育工作更好地开展和进行。坚持"以人为本",实现人的全面发展,是坚持马克思主义终极价值的必然要求。在社会责任感培育过程中,也要坚持"以生为本"的原则,充分发挥学生的主体作用。教师应将学生看作是教育主体,充分尊重学生的主体地位,通过引导、启发的方式研究学生的内在教育需要,营造一个民主、和谐、宽松的教育氛围,有目的、有计划地进行教育活动的规范和组织,进而使学生可以自主、能动,并且有创造性地进行认识和实践活动,来实现社会责任感培育目的的行为准则。对大学生进行社会责任感培育,是培养我国特色社会主义事业合格建设者和可靠接班人的基本要求。在当前的时代背景下,对大学生进行社会责任感培育,要不断开创责任教育的新局面,紧跟时代潮流,真正做到坚持"以生为本"。教育的以人为本,主要体现在尊重、发展学生自身的主体性。主体性只有被唤醒,才能有效地发挥其能动性。

同时,社会责任感的培育要强调学生思考的重要性,重视他们的主体地位,增强他们自主选择的能力,培养他们的责任意识,充分发挥其积极性。学生是教育的主体,也是被教育的对象,思想政治教育工作要围绕学生来进行,一切都要从学生的利益出发,从学生的全面发展出发,要让他们在学习的过程中勤于思考,主动承担社会责任。只有坚持以大学生为本,抓住问题的关键,主动联系现实,才能更好地了解社会责任感培育工作的成效。

7.2　大学生社会责任感培育的要求

7.2.1　显性与隐性教育相统一

美国教育学家科泽尔(Jonathan Kozol)曾说过:"从未有如此一件事让我牵

挂,即让道德教育能够渗透到所有的大学学习过程中……与唯利是图的个体私利相对的社会责任应该成为课程的一部分,甚至超越课程,应成为学术教育的一部分。"①由此可以看出,社会责任感的培育和提高离不开教学过程。但当前对大学生的社会责任教育很多都是直接的书面辅导教育,不能使教育的内容内化于心,不利于社会责任感的提升。因此,可以在专业课程教学中开展责任教育,以一种隐蔽的、间接的方式把社会责任观渗透到专业知识教育里。这种教育方法,有利于在课堂教学中强化责任意识教育,避免"灌输式"教学的弊端,有效地促进显性培育和隐性培育的结合。习近平总书记指出:"道不可坐论,德不能空谈。于实处用力,从知行合一上下功夫,核心价值观才能内化为人们的精神追求,外化为人们的自觉行动。"②当前大学生社会责任感的培育和核心价值观的践行,需要巧妙运用显性教育和隐性教育,促使社会责任感和核心价值观扎根在学生心里并积极参加实践,也就是常说的内化于心、外化于行。通过组织实践活动、课题研讨、专家讲座、榜样示范等潜移默化的教育方式,让大学生在参与的过程中自己体会、感悟。还可以把责任要素渗透到专业授课中,挖掘专业教学过程中责任教育的意义,以达到增强大学生社会责任感的目的。而把责任要素融入专业教学中又离不开专业教师的支持与配合。要实现这个目的,一方面需要调动教师的积极性,要在校园内树立责任教育是课堂教学的责任、是老师职责的观念,同时针对不同的专业课程赋予各不相同的责任教育职责。一名对教学认真负责、对专业积极探索的老师,会让学生在无形中体会到应有的职业素养和责任,教师在日常生活中对社会事务的参与和热情,也会使学生逐渐理解个体应承担的社会责任。另一方面,要挖掘不同课程的责任教育资源,发挥不同课程在大学生社会责任教育中的作用。如教育学课程中关于教育是否足够公平的讨论就是一个很好的责任教育素材;环境类课程中有关爱护环境、保护自然的责任要求也包含着丰富的社会责任教育内容。因此,在日常教学中,既要让大学生掌握专业知识,也要鼓励他们挖掘专业知识本身所蕴含的相关责任,使他们在学习各自专业课的同时,接受责任教育的影响和熏陶,增强其社会责任感。

---

① Caryn Mc Tighe Musil.Overview of the Core Commitments Initiative[M]//Reason,R.D.Developing and Assessing Personal ang Social Responsibility in College.San Francisco:Jossey-Bass,2013:5.
② 习近平.青年要自觉践行社会主义核心价值观——在北京大学师生座谈会上的讲话[N].人民日报,2014-05-05.

7.2.2　引领与渗透相结合

引领与渗透相结合就是要在教育、感化的牵引下,使受教育者在思想情感上被同化,从而朝着教育者所期望的教育目标转化教育原则和方法。如果说引领强调的是教化力和感召力,那么渗透则侧重于情感关怀和思想沟通,两者相辅相成、相互支撑、彼此促进,并有机统一于高校思想政治教育的整个过程中。特别是社会责任感培育,更需要情感的渗透,这是大学生社会责任感生成的催化剂。引领与渗透有机统一可以使思想政治教育者与受教育者在人际交往过程中因亲近、友好态度而产生彼此理解、信任、关爱、欣赏的强大亲和力,进而促进交流,引发共鸣,达成共识。只有实现引领与渗透相结合,才能真正做到教化力与亲和力的协调统一,才能充分贯彻以人为本的教育理念。因此,既要注重解决其思想问题又要注重解决其现实问题;既要讲透彻说明白道理又要切实为学生办好事干实事。做好引领与渗透的结合,就要多站在学生的立场和角度,深入思考学生需要的到底是什么;怎样才能让培育真正触动学生的灵魂;怎样让学生切身感受到教育过程中的浓浓人文关怀,把教育约束学生与关心、服务学生相结合,实现由强制性、对抗性向引导性、沟通性的转变和过渡。使受传统思维意识影响的教师放弃和改变那种高高在上的管理者和权威者的姿态,摆正自己在思想政治教育不同阶段的位置和角色,共同推进大学生社会责任感的生成。

坚持引领与渗透相结合要求教育者善于在思想政治教育和德育教育过程中,将方法论原则渗透进学生的思想深处,使学生变被动接受为自觉运用。要结合实践工作中的新情况、新问题、新要求,将引领感化功能春风化雨润物无声般地渗透而出,而不是咄咄逼人地强行灌输。思想政治教育中的引领力侧重于以理服人,而渗透力侧重于以情感人。两者的有机结合可以使教育者依托个人的人格魅力和信仰力量,采用学生所喜闻乐见的情感表达方式去打动和感染学生,使学生对社会责任在理性上认知和理解、情感上认同和热爱。在大学生思想政治教育和德育教育中要将引领和渗透贯穿大学生的日常生活、德性修养、心理健康、学风建设、就业指导和人际交往过程中,凸显其引领和渗透的巨大感染力和穿透力,在引领与渗透的结合中真正实现大学生社会责任感的养成和价值认同。

7.2.3　全员全过程全方位协同

习近平总书记在全国高校思想政治工作会议上指出,"要坚持把立德树人作为中心环节,把思想政治工作贯穿教育教学全过程,实现全程育人、全方位育人,努力开创我国高等教育事业发展新局面。"①随着时代发展和历史的进步,高校思想政治教育内涵及要求也在不断充实和完善,我国高校基本形成了以大学生为主体的、全员参与、全过程育人、全方位实施的中国特色思想政治教育格局。当前,高校思想政治教育中的大学生社会责任感培育,也要坚持全员、全过程、全方位的原则,才能切实做好培育工作。全员培育,是指每一位教职员工及学校管理工作者都要树立引领育人的强烈意识和理念,共同参与、互相配合,使学校的每一项教育环节和工作步骤都能从不同角度、多个侧面对大学生进行教育、熏陶和引导。全过程培育,就是指教育过程在时间和空间跨度上要涵盖大学生学习、生活、工作的整个周期和所有阶段,在教育过程的各个时期和阶段都要注重大学生的个性化发展,坚持以人为本,增强教育的针对性和实效性。全方位引领就是要求全社会形成协同改革、完善和创新大学生社会责任感培育的向心力,在形成强大凝聚力和创造力的过程中共同开拓大学生思想政治教育和德育教育的新格局。全方位引领集中体现为坚持"教书育人、服务育人、管理育人"的"三结合",并建立起一套高效的激励、完善、引领保障机制。

全员全过程全方位引领体现在教学、服务、管理、宣传等各个方面,要坚决打破过去那种仅靠在课堂上进行培育或是仅靠思政课教师单独进行社会责任培育的传统教育模式,把大学生社会责任感的教育贯穿到学校工作的各个系统、各个层面,并在思想和行动上形成全员全过程全方位培育的新型工作机制。具体说来,思想政治教育课程教师及各门专业课教师都应大力向学生传授社会责任意识,增强家国情怀和责任观念,采取多种形式以达到春风化雨润物无声的效果。学校党委、团委、学生处以及教务处等职能部门要在教学指导、学生日常管理、教师培训、科研创新、规章制度、活动组织等方面提升大学生的社会责任意识。学校宣传部门、校报校刊、广播站、电视台等要发挥好自身的舆论宣传职能,大力普及、渗透德育教育和道德文化,引导大学生生成对国家、对社会、对家庭、对他人、对自己的责任感。要强化全员全过程全方位育人意识,牢固树立所有场所都是育人场所,所有教职员工都有育人职责,所有岗位都是育人岗位的理念。

①　习近平.在全国高校思想政治工作会议上的讲话[N].人民日报,2016-12-09.

7.2.4 加强优秀传统文化责任教育

大学生要有文化自信,尤其是责任文化自信,并在此基础上树立新时代中国特色社会主义新理想,在立德树人的育人理念下,夯实自己的家国情怀,做一个负有责任意识、责任理想和承担责任能力的新时代大学生。

首先要从中国传统社会责任文化教育中汲取能量和精髓。大学生社会责任文化源于中国传统社会责任文化,发展于中国近现代社会责任文化。我国的传统文化历史悠久,包含着极为丰富的社会责任文化,每一个社会成员都处于一种相互交织的社会责任关系中。在诸多中国传统社会责任文化中,传统儒家文化是主流,其所强调的"以天下为己任""内圣外王""修己济世"的社会责任文化思想广泛地渗入到中国人日常生活中。中国传统社会责任文化教育具体包括以下方面。

1)"天赋责任"文化教育

"天赋责任"是中国传统儒家文化和社会责任思想碰撞、交融产生的一种中国传统社会责任文化。在中国传统儒家文化体系中,"天"在万事万物中具有崇高的地位,被认为是宇宙万物的源泉。来自天的力量就是天道。因此,天所赋予人的责任是天大的责任,有崇高的地位。《尚书》中所说的"天秩有礼""天命有德""天讨有罪"等思想,实际上就是指出天的至高无上和绝对权威。人必须顺天而行,只有顺天而行的人才可以称得上是有道德、有担当、负责任的人。正是这种"天赋责任"文化使得人们主动承担起照管天下的社会责任,也决定了中国人的社会责任意识和社会责任行为主要不是依赖刑罚威慑。从古代朴素唯物主义看,这里的"天"是人的一种"绝对精神",也是一种客观存在。虽然相对于辩证唯物主义,这种"天"的哲学存在一定的不足之处,但至少说明,在中国传统社会责任文化中,社会责任不是简简单单的人的一种想当然的东西,而是一种客观的东西。

2)"人赋责任"文化教育

在中国传统儒家文华中"天道"处于绝对地位,拥有至高无上的力量。但是"天道"不能自发地起作用,必须通过一种中间力量,这种中间力量就是"人道"。"天道"如何才能转化为"人道",在社会责任文化层面就是"天赋责任"文化转化为"人赋责任"文化的问题。"人赋责任"即人赋予人的责任。这种转化的桥梁就是"德",即人的道德规范。围绕"德",以孔子为代表的儒家思想家在继承"天道"思想基础上,形成一套完整的以"人道"为轴心的道德规范体系,并将这套道德规范体系确立为世人遵守的实践原则和行动指南。具体说来,这种"人赋责任"文化可以从以下方面来把握。首先,"人赋责任"文化是一种"对集体负责"的文化。在人与集体关系上,中国传统儒家社会责任文化崇尚集体本位,集体对于个体有重要的价值。中国传统儒家社会责任文化里的人不是单个独立的个体,而是出于各种社会关系中的人。"仁"是中国传统儒家社会责任文化中的核心,"仁者,人也"。梁启超也认为人人都有各自责任,他说:"自放弃责任,则是自放弃其所以为人之具也。是故人也者,对于一家有一家之责任,对于一国而有一国之责任,对于世界而有世界之责任。一家之人各放弃其责任,则家必落;一国之人各放弃其责任,则国必亡;全世界之人各放弃其责任,则世界必毁。"①梁启超的这种社会责任观从人对家庭的责任、人对国家的责任、人对世界的责任这三个层面给"对集体负责"的文化做了很好的注释。其次,"人赋责任"文化是一种"对他人负责"的文化。在人与他人关系上,中国传统儒家社会责任文化,把"五常"作为处理人与他人关系的规范。在人际交往过程中,违背"五常"就是违背"天道",违背"天道"就是违背"德",违背"德"就是对他人不负责。"五常",即"仁""义""礼""智""信"。"仁"是"对他人负责"的情感基础与逻辑起点。《论语·颜渊》中说道:"克己复礼为仁。一日克己复礼,天下归仁焉。"②要实现克己复礼,就必须"爱人",即爱所有人。孟子提出"恻隐之心,仁之端也"③,意思是人有同情怜悯之心,仁爱之人能够爱所有人,这是仁爱之人"对他人负责"的体现。"义",即理应承担的责任和应尽的义务。中国传统儒家文化把"义"具体化为"父慈""子孝""兄良""弟悌""夫义""妇听""长惠""幼顺""君仁""臣忠"这十义,使个体对他人的责任覆盖到了家庭和社会。"礼",即一种外在的制度体系。社会责任的落实除了靠个体内在"克己",还需要外在的"礼"来保证实施。可以说,"礼"就是中国传统儒家社会责任得以落实的基本准则和外在保障。最后,"人赋责任"文化是一种"对自然负责"的文化。

在人与自然关系上,中国传统儒家社会责任文化认为人与自然是和谐统一

---

①　梁启超.饮冰室文集[M].济南:山东人民出版社,1996:74.
②　安德义.论语解读[M].北京:中华书局,2010:372.
③　刘兆伟.孟子评析[M].北京:中华书局,2011:82.

的,主要包括两方面的内容。①"对自然负责"的中国传统儒家社会责任文化是"天人合一"文化的进一步扩展。"天人合一"是由"推己及人"的"对他人负责"的社会责任文化扩展到"推人及自然"的"对自然负责"的社会责任文化的基础,认为从生命意义上来说,人、动物、植物等自然之物都是天地父母所生。因此,"天人合一"蕴含着丰富的人与自然辩证关系的思想。②"对自然负责"的中国传统儒家社会责任文化是人与自然和谐共处的实践。从实践角度看,对"自然负责"就是要树立"尊重自然就是尊重自己"的理念,保持生态平衡,按客观规律办事。如,孟子认为"斧斤以时入山林,材木不可胜用也"[①],意思是要限制广大民众入山滥砍滥伐,为林木的生长创造足够的生长时间和环境,这样木材就会多得用不完。中国传统儒家社会责任文化源远流长,在后来的发展中,中国传统儒家社会责任文化得到进一步发展。中国近现代革命文化、中国建设文化、中国改革文化等,都体现了一代又一代共产党人所承担的改造社会的责任。新时代大学生要有文化自信,尤其是责任文化自信,并在此基础上树立新时代中国特色社会主义新理想,在立德树人的育人理念下,夯实自己的家国情怀,做一个新时代负有责任意识、责任理想和承担责任能力的新时代大学生。

7.2.5　强化社会道德责任教育

社会责任感教育是道德教育的基础,道德是一种社会意识形态,它是以善恶评价为标准,依靠社会舆论、传统习惯和内心信念的力量来调整人们之间相互关系的行为原则和规范的总和。加强对大学生的道德责任教育,有利于大学生形成比较稳定和自觉的道德情感,自觉的道德情感一旦形成,就会驱使自己选择正确的道德行为,包含对国家、社会和他人的责任感、义务感、正义感、荣誉感等内容。道德教育不是简单的道德知识的传授和灌输,而是道德责任的内化和外化,将道德责任融入自己的世界观、人生观、价值观当中,使之成为自己性格的一部分,将道德责任体现在日常生活当中。因此,大学生社会责任感的培育,必须以一定的道德施教为基础,这是大学生获得社会责任感认知的重要来源之一。

社会是人与人在相互交往中形成的一个联系体,在这个联系体当中,人是最基本单位,人与人在交往中时常会产生矛盾冲突,当这种矛盾冲突不能依靠自身

---

① 刘兆伟.孟子评析[M].北京:中华书局,2011:6.

力量解决的时候,就需要靠一种外在的力量来解决。这种外在力量有两种:一种是刚性力量,一种是柔性力量。刚性力量就是指法制,柔性力量就是道德。教育是一种"春风化雨"的工作,教师是人类灵魂的工程师,教师的教育事业也是一种做"人"的工作。同时,"立德树人"又是新时代大学生教育的目标。所以,做"人"的工作,首要的是做人的"道德"的工作。道德是调节人与人之间、人与社会之间、组织与组织之间的柔性力量。这种道德的柔性力量是促进社会和谐稳定发展的根本力量。社会道德责任也是社会责任中一项重要内容。新时代大学生社会道德责任教育属于新时代大学生社会责任教育的一部分,它具体可以从马克思主义经典道德教育、社会公共道德责任教育、家国情怀实现教育三个方面来理解。

1)马克思主义经典道德教育

大学生比起其他阶段的学生具有较强的成熟性、自主性、独立性。新时代大学生更应该具备自我学习、自我教育、自我提升的意识和能力。新时代大学生社会道德责任教育是一种思想政治教育,而思想政治教育中的一个重要任务是进行马克思主义理论的教育与传播。因此,新时代大学生社会责任道德教育首先应该让大学生了解马克思主义经典作家关于道德教育的思想,以便指导自身的社会道德责任教育,提高社会道德责任的自我教育能力。马克思指出:"我们拒绝想把任何道德教条当做永恒的、终极的、从此不变的伦理规律强加给我们的一切无理要求,这种要求的借口是,道德世界也有凌驾于历史和民族差别之上的不变的原则。相反,我们断定,一切以往的道德论归根结底都是当时的社会经济状况的产物。而社会直到现在是在阶级对立中运动的,所以道德始终是阶级的道德;它或者为统治阶级的统治和利益辩护,或者当被压迫阶级变得足够强大时,代表被压迫者对这个统治的反抗和他们的未来利益。"①马克思认为道德的阶级性才是永恒的。因此,社会道德责任教育也要根据时代的变化而变化,新时代大学生社会责任教育要根据新时代中国特色社会主义的特点,坚持有中国特色社会主义道德教育原则。毛泽东也十分重视道德教育,他在中华人民共和国成立后的1957年,根据当时社会主义建设的实际情况提出了正确的教育方针,即:"我们的教育方针,应该使受教育者在德育、智育、体育几方面得到发展,成为有

① 中共中央马克思恩格斯列宁斯大林著作编译局.马克思恩格斯选集:第三卷[M].北京:人民出版社,2012:471.

社会主义觉悟的有文化的劳动者。"①在毛泽东的这句话中,把德育放在第一位,足以说明毛泽东对道德教育的重视。邓小平对道德教育的重视继续得到传承,他在 1978 年的全国教育工作会议上指出:"我们的学校是为社会主义建设培养人才的地方。培养人才有没有质量标准呢? 有的。这就是毛泽东同志说的,应该使受教育者在德育、智育、体育几方面都得到发展,成为有社会主义觉悟的有文化的劳动者。"②同时,邓小平在回顾中华人民共和国成立后教育工作所取得的成绩时说道:"在很长的一段时间里,广大青少年好好学习,天天向上,爱祖国,爱人民,爱劳动,爱科学,爱护公共财物,英勇机智地同敌人、坏分子作斗争,树立了一代新风。"③这里邓小平实际上指出了"爱祖国,爱人民,爱劳动,爱科学,爱护公共财物"这一道德教育的内容。邓小平不仅在教育领域重视道德教育,还在文学艺术工作领域重视道德教育。1979 年,他在中国文学艺术工作者第四次代表大会上指出文艺工作者"要恢复和发扬我们党和人民的革命传统,培养和树立优良的道德风尚,为建设高度发展的社会主义精神文明做出积极贡献"④。以马克思、毛泽东、邓小平为代表的马克思主义者关于道德教育思想,指导着新时代大学生社会道德责任教育,使他们"将来走上工作岗位,成为有很高的政治责任心和集体主义精神,有坚定的革命思想和实事求是、群众路线的工作作风,严守纪律,专心致志地为人民积极工作的劳动者"⑤,负有高度社会责任感的新时代中国特色社会主义建设者和接班人。

2)社会公共道德责任教育

社会道德责任包括社会中个人生活领域中的道德责任和社会公共生活领域中的道德责任。个人生活领域中的道德责任包括个人的家庭道德责任,个人对自己朋友、同事的道德责任,个人对自己所从事的事业的道德责任。社会公共生活领域中的道德责任存在于文明礼貌、助人为乐、爱护公物、保护环境、遵纪守法等社会公共道德之中。公民社会公共道德素质的高低直接影响着一个社会公共道德水平的高低,从而影响着一个国家整体的社会生活秩序、社会风气风貌和社会凝聚力,是一个社会文明程度高低与否的重要标志。大学生是新时代中国特

①　毛泽东.毛泽东同志论教育工作[M].北京:人民教育出版社,1992:44.
②　邓小平.邓小平文选:第二卷[M].北京:人民出版社,1994:103.
③　邓小平.邓小平文选:第二卷[M].北京:人民出版社,1994:105.
④　邓小平.邓小平文选:第二卷[M].北京:人民出版社,1994:209.
⑤　邓小平.邓小平文选:第二卷[M].北京:人民出版社,1994:106.

色社会主义建设的重要力量,他们对社会公共道德的恪守和对社会公共道德责任的承担直接影响着新时代中国的道德风尚和精神面貌。所以,大学生接受社会公共道德责任教育尤为重要。大学生社会公共道德责任教育,旨在积极引导大学生发扬新时代中国特色社会主义人道主义精神,积极参与学校和社会公益事业;帮助大学生遵守社会公共生活秩序,维护社会安定团结;倡导诚实守信,尊重他人,相互礼让;引导大学生以主人翁的态度参与到学校和社会公共生活中各项事业的治理;提倡人人讲究卫生,保护生态环境,建设美丽中国。首先,要大力提高全国大学生的思想道德素质,道德责任感和文明程度,使大学生更好地承担起遵守社会公共道德的责任。其次,要明确社会公共道德责任规范,使大学生们有所遵循。社会公共道德责任规范是人们社会公共道德责任行为和社会公共道德责任关系的最基本的规则,是进行大学生社会公共道德责任教育的前提之一。再次,要运用专题教学、社会实践、自我评价等多种方式,通过学校、社区、社团、大众传媒等多种渠道对大学生进行社会公共道德责任教育,以产生潜移默化的作用。最后要营造承担社会公共道德责任的良好氛围,对积极承担社会公共道德责任的大学生,应大力赞扬和肯定。另外,大学生要承担起对社会公共道德责任学、守、传的责任,使新时代大学生在学习社会公共道德的基础上遵守社会公共道德,在遵守公共道德基础上传播社会公共道德。

3)家国情怀和世界情怀教育

(1)家国情怀源于"家国一体"思想。"家国一体"思想是中国古代国家架构与治理的重要理论来源之一,是我国传统责任伦理中一个重要的维度。在我国传统社会个体特别是知识分子的价值观念中,修身、齐家、治国、平天下的人生理想是人伦责任的升华。个体要以天下为己任,通过修身、齐家进而承担起天下的责任。如:"先天下之忧而忧,后天下之乐而乐""天下兴亡,匹夫有责""苟利国家生死以,岂因祸福避趋之"。习近平怀着"家是最小国,国是千万家"的家国情怀。习近平的家国情怀包括:一是注重家庭、家教、家风。2016年12月,习近平在会见第一届全国文明家庭代表时的讲话中指出,中华民族传统家庭美德是家庭文明建设的宝贵精神财富,"家庭是人生的第一个课堂,父母是孩子的第一任老师""家风是社会风气的重要组成部分"。二是热爱祖国、忠于祖国。2018年5月2日,习近平在北京大学师生座谈会上的讲话中指出"爱国,是人世间最深层、最持久的情感""爱国,不能停留在口号上"。三是把爱家和爱国统一起来。2016

年 12 月,习近平在会见第一届全国文明家庭代表时的讲话中指出"家庭的前途命运同国家和民族的前途命运紧密相连""广大家庭都要把爱家和爱国统一起来"。习近平在 2018 年春节团拜会上的讲话中也指出"千家万户都好,国家才能好,民族才能好"。2019 年 3 月 18 日,习近平在学校思想政治理论课教师座谈会上指出新时代思想政治理论课教师"政治要强、情怀要深、思维要新、视野要广、自律要严、人格要正",其中"情怀要深"就是要"心里装着国家和民族,在党和人民的伟大实践中关注时代、关注社会,汲取养分、丰富思想",这不仅是对新时代思想政治理论课教师的要求,也是对新时代大学生的要求。家国情怀是中国优秀传统文化的一个重要范畴,是增强民族认同感、国家认同感的重要体现,是增强民族凝聚力的重要思想保证,是中华民族伟大精神的重要组成部分,是中华民族的价值追求和责任担当,是爱国主义的深厚感情。我国传统的家国情怀思想为中国共产党家国情怀教育提供了丰富的素材。2014 年 3 月,教育部印发的《完善中华优秀传统文化教育指导纲要》将开展以"天下兴亡、匹夫有责"为重点的家国情怀教育放在首要位置,凸显了党和政府对家国情怀教育的研究重点之一。《完善中华优秀传统文化教育指导纲要》指出,加强对青少年学生的中华优秀传统文化教育,要以弘扬爱国主义精神为核心,以家国情怀教育、社会关爱教育和人格修养教育为重点,着力完善青少年学生的道德品质,培育理想人格,提升政治素养。

随着我国国际影响力的增大,我国国际交往也越来越频繁,面临的国际机遇与挑战也越来越多,同时,承担的国际责任也越来越多。新时代大学生要有国际视野,既要对自己的国家充满情怀,又要对国际社会充满情怀,承担起国际责任。总之,在新时代大学生家国情怀教育当中要把握好家国情怀中传承中华民族传统文化这一本质载体,还要增强民族认同的情感归属,实现中华民族的价值追求和责任担当,培养爱国主义的深厚感情,夯实家国情怀的文化底蕴。同时,要把以德修身作为培育家国情怀的立足点,坚定崇高的理想信念,担当起实现中华民族伟大复兴中国梦的重任。

(2)世界情怀教育。世界情怀教育也是新时代大学生社会责任教育的重要内容之一。如果说家国情怀是新时代大学生社会责任情怀在国家层面的体现,那么世界情怀则是新时代大学生社会责任情怀在世界层面的体现,是家国情怀的升华。大学生世界情怀教育从以下三个方面具体理解。

第一,世界情怀内涵教育。大学生的世界情怀内涵教育是世界情怀教育和世界情怀实现教育的前提。世界情怀内涵包括两方面:①世界情怀的理论内涵。首先,世界情怀有着马克思主义的内涵。马克思在他的中学毕业论文《青年在选择职业时的考虑》中明确表达了自己要从事能够为全世界人们谋幸福的职业,表达了对受剥削、受压迫人们的深深同情。这种深深同情后来化作了"全世界无产者,联合起来!"为实现人类共产主义而奋斗这一伟大事业,深刻表达了马克思对世界怀有的一种情怀。其次,世界情怀有着"人类命运共同体"的内涵。实质上指一国在促进本国发展,谋求本国利益时,要兼顾他国发展,考虑他国利益,达到共同发展。②世界情怀的实践内涵。世界情怀的实践内涵具有强烈的问题意识,是按照发现问题、解决问题的实践逻辑展开的。世界情怀的实践内涵包含两层意思。首先,世界情怀有着发现问题的实践内涵。发现问题是解决问题的前提。当今世界面临的诸如粮食安全、气候变化、网络攻击、人口爆炸、环境污染、资源短缺、跨国犯罪、疾病流行等世界性问题,这些世界性问题的发现极其受到中国的重视,是中国共产党人忧国忧民情怀在世界层面的延伸。其次,世界情怀有着解决问题的实践内涵。面对世界性问题,中国采取对话交流方式,在对话交流中发展同各国的友好往来。习近平在 2019 年 5 月 15 日亚洲文明大会演讲中指出,要"美人之美、美美与共"。这实际上就是要怀有一份美好的情感,在与亚洲各国对话交流中,建设好亚洲命运共同体,为建设好人类命运共同体奠定基础,在"成己之美"中实现"成人之美",最终实现美美与共。

第二,世界情怀价值教育。世界情怀的价值包括四个方面。①世界情怀的个人价值。对新时代大学生进行世界情怀教育有利于新时代大学生的成人成才。从 2019 年 3 月 18 日习近平在学校思想政治理论课教师座谈会上的讲话可以看出,在培养时代新人中,要坚定不移地全面贯彻党的教育方针,以立德树人为根本任务,培养德智体美劳全面发展的社会主义建设者和接班人。可见,无论是"立德树人",还是"德智体美劳全面发展",都把"德"放在成人成才的第一位。德可以分为大德、公德和私德。世界情怀体现的是一种对世界和平与发展,对世界各国人民的未来的一种情感,是一种大公无私的大德。大学生要有世界意识、世界眼光、世界情怀。②世界情怀的社会价值。一个人人平等公正法治的社会,是人类梦寐以求的理想社会。社会是在人与人之间的交往联系当中形成的,而人与人之间的文明、对话的交往形成的是一个和谐的社会。世界情怀所蕴含的解决问题的实践和内涵有利于理想社会的形成。③世界情怀的国家价值。对一个国家来说,国家的综合实力是一个国家国际影响力和国际地位所在。文化软实力是综合实力的重要组成部分。一个国家对世界有情怀,才有可能对世界有贡献,对世界有贡献,才有可能赢得世界人民的尊重,才能凸显整个国家的文化素养和大国形象,为国家的繁荣昌盛赢得更多支持。④世界情怀的世界价值。世界情怀是世界责任得以产生的情感基础,世界责任的担当需要以世界情怀为情感纽带,否则,世界责任的担当将缺乏维持力。在某种意义上说,世界情怀是通过世界责任来体现其世界价值的。当今世界面临的全球变暖、贫困、自然灾害、意识形态斗争等问题是世界责任的现实基础,实现世界的和平与发展是世界责任的主要任务,实现世界性的共产主义则是世界责任的终极目标和价值所在。

第三,世界情怀践行教育。大学生世界情怀实现教育包括两个方面。一是校内的世界情怀实现教育,二是校外的世界情怀实现教育。校园内是一个小世界,世界由不同民族、不同国家构成,而校园小世界也有来自不同民族的学生和不同国家的留学生。校园小世界和一般意义上的世界有着共同点,这为新时代大学生校内世界情怀实现教育提供了客观条件。首先,民族的世界情怀实现教育。随着民族大团结教育的深入开展和我国高等教育事业的蓬勃发展,越来越多的少数民族大学生进入内地高校学习。因此,要加强新时代大学生与少数民族大学生在文化、生活、学习等方面的交流与对话,树立中华民族共同体意识。其次,国家的世界情怀实现教育。随着我国国际地位的不断提高和高等教育逐步迈向国际化,来华留学生的数量和国别也越来越多,他们与我国大学生一起,组成了一个微型的国际社会。这时,我们要以人类命运共同体意识多一些理解,多一些关怀。校外的实践教育教学活动包括国内的志愿服务、社会调查、研学旅行等等,也包括国际互派留学生、国际研学活动,等等。新时代大学生的责任情怀不仅仅是作为一名在校大学生而局限于校内,要将自己的责任情怀扩展到校外,甚至世界范围。

第8章 大学生社会责任感培育的实践路径

8.1 激发主体意识,实现自我教育

8.1.1 发挥主体作用

教育活动是教育者的一种有目的的引导活动,受教育者发生的变化主要是通过教育者的有目的的活动实现的。离开教育者及其有目的的活动,也就不存在教育过程了。提高大学生社会责任感培育的质量和效果,必须加强高校思政教育队伍建设。

1)优化思政教师队伍

任何认为大学生思想政治教育只是高校的事的观点,都是根本错误的,同样,任何认为大学生社会责任感培育只是少数思政课教师和辅导员的事的观点也是根本错误的。然而,在当代高等教育中,学科化和专业化的特征十分鲜明,对学生专业发展和智力开发的重视冲淡了对他们思想的培养和人格的塑造。正如有学者指出的,大学雇用教师的首要标准是看他们在研究、出版等学术工作中是否优秀。大学关注学术自由代替了对学生品德教育的关心,对教师作为学者的潜质关注代替了传统上对教师的品格的要求。真正潜心于育人的教师并不被现在的考核机制所认可,更多的是论文、项目等指标要求。这无疑削弱了高校思想政治理论课教师的工作热情和思政教育的效果。域外的公民教育或德育教育一个共同特点就是无不将社会人士和校外组织作为学校教育的重要力量,利用社会资源开展公民教育和道德教育。我国高校的思想政治教育也应当拓展教育

者的队伍构成,至少可以包括以下几支队伍:①专业教师队伍。大学生思想政治教育的主渠道是高校的四门公共政治理论课和形势政策课程,任课教师是大学生思想政治教育队伍的主体和重要组成部分,肩负着对大学生进行系统的德育教育、国情国史和社会主义发展观教育,用中国特色社会主义理论最新成果武装大学生的根本任务。除了该课程以外,其他专业课程中也蕴含有丰富的德育教育资源,如,环境工程学、美学、工程伦理学等,这些课程对培养大学生的价值观念和社会责任感有着十分重要的作用,这些课程的任课老师也是大学生社会责任感培育和德育教育的重要力量。②学生工作辅导员、班主任队伍。辅导员和班主任是大学生思想政治教育的骨干力量,是大学生健康成长的指导者和引路人。辅导员班主任工作在大学生思想政治教育的第一线,与大学生关系十分密切,在思想、学习、生活等方面都负有指导学生、关心学生的职责。虽然教育部颁布的《普通高等学校辅导员队伍建设规定》中并未直接明确辅导员要承担具体教育的责任,但从实际工作来看,大学生思想政治教育第二课堂的教育活动主要由辅导员和班主任组织实施社会责任和德育教育,组织开展志愿者活动、社会公益实践活动等,训练大学生良好行为习惯,引导他们在实践中树立责任意识、生成责任情感,提高他们适应社会的能力,对大学生社会责任感的培育也已成为辅导员和班主任的工作内容。③行政与后勤人员队伍。大学里还有一支潜在的大学生思想政治教育工作队伍,就是行政与后勤人员。他们虽然不直接对大学生进行教育,但是他们的行为及反映出来的社会责任态度和观念,这些都对大学生社会责任意识的形成有着潜移默化的影响。

2)发挥学生主体作用

现代教育强调教师与学生互为主体,采用双向互动教学模式,从这个层面来说,学生既是培育的对象又是教育的主体。社会责任感培育的客体(大学生)通过自主性、参与性,真正转变为主体,实现内化。发挥大学生主体性,主要表现在四个方面。

(1)自主性。自主性是指主体独立作判断,批判地反思这些判断的倾向以及依据这些独立的、反思的判断将信念与行动整合的倾向。自主性是主体性本质特征。大学生思想政治教育中的自主性首先表现为具有独立的主体意识,有确定的价值目标和自觉积极的学习态度,能够在教育者的启发、指导下依据自身条件和需要,有计划有目的地合理安排自己的教育活动,独立地提升自己的各方面素质;其次,还表现为能够自我支配、自我调节和自我控制,在认知的基础上自主地进行比较、分析、综合、推理以及判断等思维运动,从而将教育者输出的教育信息内化为自身信念并外化为行动。

(2)能动性。能动性是受教育者在与客观物质世界的关系中表现出来的特性。能动性是主体性的规定性特征。大学生在思想政治教育中的能动性表现为受教育者在教育活动中的积极、主动、自愿的选择。大学生并不是消极被动地接受教育者的改造和灌输,而是能够对自己的思想活动进行自我认识,从而认清自己与外部世界的差距,激发参与和接受社会责任教育的需要;能够根据时代、社会发展和个人成长的需要,汲取自己所需要的教育内容;能够主动认可教育目标,并且自觉地调动其自身潜在的生理、心理能量,积极地克服困难和障碍,努力实现教育目标;能够通过自身的外化行为反作用于教育者,影响教育者,促使教育者和受教育者互动发展,教学相长。受教育者的能动性特征要求教育者发动受教育者积极参与和主动接受思想政治教育,引导受教育者进行自我教育。

(3)创造性。创造性以探索和求新为特征,其实质是对现实的超越。创造性是个人主体性的最高表征。大学生在思想政治教育中的创造性表现为受教育者善于思考,有自己独立的见解,能够灵活运用已经学习过的内容,将所学知识转化为解决实际问题的方案,不断增强适应社会生活的能力。在全球化背景下,现代大学生面临的是更加复杂多变的社会环境和多元的文化体系,这对他们的创造性提出了更高的要求,要时刻保持创新精神,与时俱进,不断提高自身的精神境界,坚守理想信念,适应时代发展新要求。

(4)坚持"以人为本"。实现人的全面发展,是坚持马克思主义终极价值的必然要求。因此,在社会责任感培育的过程中,要坚持以人为本的思想,充分发挥学生的主体作用。对大学生进行社会责任感培育,是培养我国特色社会主义事业合格建设者和可靠接班人的基本要求。大学生社会责任感的培育是高校思想政治教育的核心,也是提高大学生道德素质和责任自觉的主渠道。培育工作的出发点和落脚点都是学生,主体也是大学生,这是对培育对象的基本尊重,有利于培育工作更好地开展和进行。在当前的时代背景下,对大学生进行社会责任感培育,要不断开创责任教育的新局面,紧跟时代潮流,真正做到坚持"以人为本"。教育的以人为本,主要体现在尊重、发展学生自身的主体性。主体性只有被唤醒,才能有效地发挥其能动性。孔子的"学而不思则罔"旨在强调思索的重要性。社会责任感的培育,强调学生思考的重要性,重视他们的主体地位,增强他们自主选择的能力,培养他们的责任意识,充分发挥其积极性。学生是教育的主体,思想政治教育工作要围绕学生来进行,一切都要从学生的利益出发,从学生的全面发展出发,要让他们在学习的过程中勤于思考,主动承担社会责任。只有坚持以大学生为本,抓住问题的关键,主动联系现实,才能更好地了解社会责任感培育工作的成效。从社会责任认知向社会责任认同转换,目标应更清晰地定位为培育社会责任意识、社会责任感(内化于心)和善于运用践行思维和方式(外化于行)。

8.1.2　增强自我意识

对大学生进行社会责任感教育,其关键还在于大学生要学会正确认识自我,健全独立的人格,成为促进自我发展及履行社会责任和义务的主体。在马克思看来,"道德的基础是人精神的自律。"①个体要以社会性约束和指导自身思想与行为。康德认为,"一个出于责任的行为,其道德价值不取决于它要实现的意图,而取决于它所被规定的准则。"②这里的准则就是指人的社会性存在,其公共性和社会性是激发个体社会责任感的核心。一个人必须要有方向感,这就需要个人价值观来导向,做有价值行为的人。

激发大学生自我意识,加强大学生自我教育,不仅需要教育从外部突破,还需要大学生自身对责任感有清晰准确的认识,自觉理解并自觉接受,才能更好地由内而外做出责任行为。所以我们应努力增强大学生的自觉能动性,充分发挥大学生的自我意识教育功能。①高校学生应自觉提高自身的人格修养和道德素质。在当前复杂的社会环境下,大学生为了更好地适应社会的需要,提高人格素质成为他们促进自身发展必备素质之一,高校学生应自觉主动地在学习专业知识的基础上牢固树立社会责任意识。②积极创设高校学生自我教育的良好气氛。创造良好的氛围,是大学生进行自我教育的先决条件之一。学校和班级的氛围以及内部环境对大学生有着不可忽视的影响。优良的校风及班风对大学生起着重要的规范、导向、激励和评价作用。大学生置身于一定的校园文化中会潜移默化地认可和接受其倡导的价值观念和思维方式。所以,校园文化以及班级

---

①　马克思,恩格斯.马克思恩格斯全集:第一卷[M].北京:人民出版社,1995:119.
②　伊曼努尔·康德.道德形而上学原理[M].苗力田,译.上海:上海人民出版社,2012:12.

文化是大学生提高自我教育能力、提高自身综合素质的重要依托。③加强自我管理。前正如苏霍姆林斯基所说的：道德准则，只有当它们被学生自己追求获得和亲身体验过的时候，只有当它们变成学生独立的个人信念的时候，才能真正成为学生的精神财富。社会责任感的形成也是一样。只有让学生在生活中亲身体验的运用，才会得到真正的教育，才能够让义无反顾地承担社会责任成为自己的行为准则。在对大学生进行社会责任感教育时，要注重提高大学生的自我认知水平，完善大学生自我教育，明确自己在社会发展中的重要位置。④从身边的事情做起，让大学生在践行中强化责任意识。从小善做起，从不浪费资源、不乱扔垃圾进而上升到保护环境、爱护自然等志愿活动，不断锤炼自己的意志，磨练自己的品质，提升自己的素养，懂得生活学习的目的，坚定自己的信念、端正人生目标，并通过自己的努力实现人生目标，从爱自己到关爱他人和社会，从爱学习到热爱美好生活，从修身齐家到治国平天下的大胸怀，把自我价值的实现和中华民族伟大复兴的中国梦紧密结合起来。通过自我认知、自我学习、自我实践，使自己的认识不断地深化，由感性上升到理性，树立正确的人生观、价值观、世界观，从而达到对自己、对家庭、对他人、对社会、国家、民族的负责。

8.1.3　强化自我教育

教育家苏霍姆林斯基曾经这样说过："人生的真谛，在于认识自己，而且是正确地认识自己，自我教育正是从这里开始的。"[1]加强大学生自我教育，要使他们"自觉认同教育目标和要求，独立做出判断和选择，自主调节行为，并在实践中完善自身品德，丰富和发展社会道德规范的自主性、能动性和创造性。"[2]大学生个人责任教育体现在珍爱生命、关爱自己、完善自己、提高自己、成就自己。

（1）从教育转向自我教育。通过教师与大学生构建平等互动的学习关系，调动大学生的积极主动性，使大学生端正学习态度、认同教育目的及内容，开展自我教育，完善自我品格建构过程。正视自己的不足和缺点，进行自我反省与自我批评，反思自己的行为，主动把握自己的发展方向，充分体现大学生在教育中的主体地位，打破"教师为中心"的传统观点。通过学习社会主义核心价值观中"爱国、敬业、诚信、友善"的精髓实质，形成良好的行为习惯，自觉维护祖国完整统

---

① 苏霍姆林斯基.苏霍姆林斯基选集：第一卷[M].北京：教育科学出版社，2011：81.
② 张耀灿，郑永廷，等.现代思想政治教育学[M].北京：人民出版社，2006：276.

一,敬业工作,待人诚实友好,不做危害国家利益、社会稳定和他人利益的事情,牢记自身责任感。

(2)加强大学生的自主学习能力。大学生养成自觉追求知识的好习惯,主动查阅书籍和文献,从理论层面对社会责任感有深刻的认识;关注时事热点,学会分析思考社会现象,在具体问题中落实责任担当。主动学习社会主义核心价值观的主要内容,积极弘扬和宣传社会主义核心价值观,理解大学生作为未来社会的骨干力量,肩负着建设富强民主国家、维护社会公平正义的重任。

(3)明确大学生人生目标。大学生应树立远大的理想和人生追求,理想是未来的现实,通过不懈努力一定会达到的目标。建设"富强、民主、文明、和谐"的现代化国家和"自由、平等、公正、法治"的社会要依靠每一个公民的共同努力,通过明确大学生在学校、社会中的角色定位,制定合理清晰的短期和长期成长目标,消除对未来的迷茫彷徨。把为他人服务、为社会做贡献作为自己的职责使命,不断激发自己的潜力,努力实现自我目标。

8.1.4　实现自我建构

社会责任情感是社会责任主体在社会责任认知的基础上,满足内心需要或符合自身价值取向而产生的一种内心体验。社会责任情感属于社会责任感中的情感成分,没有社会责任情感就不可能形成社会责任感。一个人的社会责任情感是在他的社会责任认知的基础上衍生出来的。社会责任情感使得社会责任主体加深社会责任认知,社会责任情感对社会责任行为起着调节作用,是社会责任主体自觉承担并履行社会责任的强大推动力。建构主义学习论认为,教育者要充分利用"情境性认知"来提高学习者的学习效果。

建构主义学习理论观点主张:注重以学生为中心进行教学,学生是信息教育的主体,是意义的主动建构者,而不是外界刺激的被动接受者和被灌输的对象,教师是学生意义建构的帮助者、促进者,而不是知识的传授者和灌输者,教师应注意学生认识上的特殊性,努力培养学生的自觉意识和元认知能力;注重在实际情境中进行教学,尽量创设与学习有关的真实世界的情境,并将学习者嵌入相关的情境中;注重协作学习,学习者以自己的方式建构对于事物的理解;要设计好的教学环境,为学生自主建构知识的意义提供各种条件。建构主义理论强调学生认知的主动性和自觉性,并通过创设真实情境和环境引导强化认知。

要实现社会责任情感认知基础上的自我建构,涉及"同理心"的双重运用。第一层是教育"同理心"。教育者对学生运用"同理心",使学生在情感上认同教育者,在学习过程中与教育者形成良好的关系,关系的核心就是双方之间的感情,这种感情越牢固,学生对教育者的接受程度越高,其学习的积极性就越高。第二层是责任"同理心"。学生对他人运用责任"同理心",为他人负责的内心体验,也就是个体发展出的一种对他人的社会责任情感。责任同理心是在教育同理心的基础上激发出来的,以实现社会责任感的自我建构。

8.2　优化培育内容

8.2.1　明确认知

认知理论强调认识的逻辑过程,即,由认知、到情感,再到认同,进而引发相应的行为。因为认知是精神的基础和主体,只有知之全、知之深、知之切、知之透,并将"知"上升为"信",方可付诸行动,在行动前,才可能做认真的全面的细致的准备,才可能全力以赴,保证责任的全部实施,从而获得好的成就。只有知之关切,才能行之迅速;只有知之通透,才能行动彻底。知行合一,言行一致,是诚实守信的表现,也是人格健全的表现。认知主义理论认为,形成责任行为是个体与环境间相互作用的结果,是一个生态的过程,只有当环境的刺激因素能够作用个体关于责任的认知结构时,个体关于责任的认知结构才会发生同化或顺应,这样个体关于责任的心理结构才会发生改变,继而改变责任行为的方式。新时代大学生社会责任教育中认知的重要性在于认知是获得与应用的必经阶段。学习是人类进步的重要途径,也一直都是我们党永葆生机的不竭动力,在党的十九大报告中,习近平总书记更是把学习作为党政干部需要增强的"第一本领"提了出来。他强调指出:13亿多人的社会主义大国,我们党既要政治过硬,也要本领高强。首先要增强的就是"学习本领",要在全党营造善于学习、勇于实践的浓厚氛围,建设马克思主义学习型政党,推动建设学习型大国。大学生社会责任认知教育就是要重视对社会责任的学习,把社会责任学习作为提升新时代大学生承担社会责任能力的手段。新时代大学生社会责任认知教育的任务就是使新时代大学生对社会责任有一个完整的认知,具体包括以下三方面。

(1)社会责任是什么。通过认知教育使新时代大学生明白社会责任的真正含义,而不仅仅是字面上的意思。一般认为,社会责任是一个组织对社会应负的责任,是组织道德管理的要求和出于义务的一种自愿行为。对于诸如公司、企业等经济体来说,社会责任是一种超越法律和经济上的义务。马克思主义认识论认为,人们对事物的认识是一个由浅入深、不断发展的过程,要透过现象看到事物的本质。因此,新时代大学生也应该要透过社会责任的现象看到社会责任的本质。而社会责任的本质体现在社会责任的特征之中。新时代大学生社会责任又具有特殊性,可以从不同角度来看待社会责任。

第一,作为一种世界观的社会责任。从世界观的角度看,社会责任具有世界观的特性。世界观是指人们对世界总的看法,社会责任是整个世界的一部分,因此,人们对社会责任的总的看法就形成一种社会责任观。这种社会责任观具有辩证唯物主义和历史唯物主义的性质。如,社会责任与社会权利是一致的,不可分割的。两者是互动的,没有社会责任就没有社会权利,反之,没有社会权利也就没有社会责任。社会责任存在于整个历史过程中,不因人们是否意识到,社会责任依然客观存在。

第二,作为一种政治观的社会责任。从政治观角度来看,社会责任具有政治观的特性。政治观指人们对政治现象、政治活动、政治关系、政治制度等方面的根本观点。政治是伴随着社会产生而产生的,人具有社会性同时也具有政治性,社会发展离不开政治的有效运作,对社会责任的承担也体现了一种政治担当。因此,社会责任认知也是一种政治认知。

第三,作为一种法治观的社会责任。从法治观角度看,社会责任具有法治观特性。法治观是人们关于法律制度和依法治理的根本看法。社会的和谐发展离不开稳定环境,稳定环境的创设离不开法治。责任和权利的统一是法律所规定的,社会责任要靠全体社会成员共同承担。如何共同承担?一方面靠人们的自觉,另一方面要靠法律的规定。因此,社会责任认知也是一种法治认知。

第四,作为一种人生观的社会责任。从人生观角度看,社会责任具有人生观的特性。人生观指人们对人生目的和意义的根本看法。人生的目的、意义和价值更大程度上在于对社会的奉献,奉献社会是社会责任承担的价值方向。因此,社会责任认知也是一种对人生目的、意义和价值的认知。

(2)为什么要承担社会责任。人们对社会责任的认知除了知道社会责任是什么,还要知道为什么要承担社会责任。只有知道了为什么要承担社会责任,才能促使人们更进一步对社会责任进行深刻的认识。认识越深刻,行动就越自觉。人的任何行动都是在一定意识指导下发生的,并且这种行动只有符合人的主观目的才能发生。人们承担社会责任的行动只有在了解承担社会责任的目的、意义和价值基础上才发生。历史唯物主义关于社会存与社会意识关系的哲学原理是社会历史发展的一条重要规律。这条规律就是:社会存在决定社会意识,社会意识是社会存在的反映,社会意识对社会存在具有能动作用。认识为什么要承担社会责任的原因,才会对承担社会责任的行为产生能动作用。大学生作为国家的希望和民族的未来,更应具备强烈的使命感和责任感,承担社会责任的结果对国家、社会、学校、家庭和个人都有重要作用,能够更好地实现中华民族伟大复兴中国梦,更好地推进国家治理体系和治理能力的现代化,提高高校思想政治工作水平,更好地践行教育为本德育为先的教育理念,更好地促进大学生个人的成长和成才,有利于家庭和睦、和谐美满,有利于个人公民身份的塑造等等。

(3)怎样承担社会责任。人的认识发展路线是由认知到情感,继而产生行为,认知是行为的前提,评判的标准是结果导向,即,引发了什么行为,带来什么结果。判断一个人是否是一个具有社会责任感、勇于担当的人,其判断标准主要不是看这个人对"社会责任是什么"和"为什么要承担社会责任"的认知,而是看这个人是否在社会实践当中切切实实地用行动履行着社会责任,责任践行是责任感培养的归宿。如果说"社会责任是什么"和"为什么要承担社会责任"这两个问题是两个理论层面的问题,那么"怎样承担社会责任"这一问题是一个实践层面的问题。

作为大学生,如何承担社会责任,必须具备以下认知。首先,要认真学习并深刻领会习近平新时代中国特色社会主义思想,尤其是习近平关于青年问题及高校思想政治工作的有关论述,以此作为大学生在高校学习和生活中以及毕业后的工作和生活中乃至一生中的指导。其次,要努力学好本专业的知识,掌握好本专业的相关技能,做到学一行、爱一行、精一行,同时要博览群书,尤其是中华优秀传统文化以及革命文化,全面提高自己的素养。再次,要积极参加实践活动,如志愿服务、创新创业和社团活动等。这些活动能使自己在真正步入社会之前体验并学习怎样承担社会责任,因为在实践活动中,每个学生都有自己的任务和职责。最后,要保持积极乐观、向上进取、艰苦奋斗的状态,及时调整心态,保持自己身心健康,珍爱生命。这些都是承担社会责任的"本钱"。

高校教育应更好地增强大学生责任认知,要做到:①以价值观引领大学生社会责任认知教学内容,发挥社会主义核心价值观整合、引领和指向作用。充分利用高校思想政治理论课的主阵地,坚持核心价值观进教材、进课堂、进头脑"三进"原则,帮助大学生增强民族自尊心、自信心和自豪感,将个人的人生价值追求同民族的振兴、国家的富强紧密联系在一起,承担起时代所赋予的历史使命。注重显性教育和隐性教育相结合,把第一课堂中课程知识传授和第二课堂的党团教育、志愿活动和社团活动有机结合,使显性教育和隐性教育的功能相得益彰,全面提高大学生社会责任感。引导大学生从个体的道德价值准则做起,向社会、国家高层次的道德发展,实现个人、集体和社会道德价值的整合。②通过创新社会责任认知的教学方法,综合运用专题式、启发式、讨论式和研究式等教学方法,运用多媒体、网络等现代化教学手段,增强教育的时效性和针对性。③立德树人,培育大学生社会责任感,关键要立教师之德。正人先正己,增强大学生社会责任感,教师必先具有社会责任感,行为示范,用自己的言行对大学生进行示范引导,促成大学生在情感上对责任的认同。

8.2.2　促进认同

情感是人们对客观存在的事物是否满足自己的主观需要而产生的态度体验,当客观存在的事物满足自己的主观需要时,人们心理会产生喜爱、满足、成就、乐观、坚持、上进等积极的体验。当客观存在的事物不能满足自己的主观需要时,人们心理会产生厌恶、失落、沮丧、悲观、退缩、不思进取等消极的体验。

情感教学理论认为个体的责任行为是个人本能的需要,是每个个体发展到一定的心理阶段都会产生的需要。所以教育的目的在于促成学生成为一个完善的人,这样个体关于责任行为的需要及完善的需求也会得以满足。大学生社会责任情感则是大学生对社会责任是否满足自己的主观需要而产生的态度体验,当社会责任满足自己的主观需要时,大学生心理会产生喜爱、满足、成就、乐观、坚持、上进等积极的体验,就会认真承担起自己的社会责任。当社会责任不能满足自己的主观需要时,大学生心理会产生厌恶、失落、沮丧、悲观、退缩、不思进取等消极的体验,就会推卸自己的社会责任。情感是一种态度体验,人是一种具有情感的动物。一般而言,人的情感是在人的成长中自然形成的,这为情感的培养提供了依据,表明情感是可以培养的。然而在自然环境中自然产生的情感有好坏之分、积极与消极之分、高尚与低俗之分。这就需要依靠教育的力量使好的、积极的、高尚的情感朝着更好的、更积极的、更高尚的方向发展,避免情感朝着坏的、消极的、低俗的方向发展。大学生社会责任情感的培养要依靠大学生社会责任教育,使大学生的社会责任情感朝着更好的、更积极的、更高尚的方向发展。因此,大学生社会责任情感的培养是大学生社会责任教育的重要内容。包括以下两大方面。

1)大学生社会责任情绪培养

情绪是人们对客观事物的反应,社会责任情绪则是人们对"社会责任是什么""为什么要承担社会责任""怎样承担社会责任"等问题的反应。人们的情绪丰富多彩,按不同标准可以分为不同种类。情绪具有信息传递功能、动力功能、调节功能和保健功能,并对学业、身心健康和人际关系有重要影响。因此,人们要保持良好的情绪。大学生所承担的社会责任比以前内涵更广。在承担社会责任过程中如果产生情绪上的困扰,则会影响学业、身心健康和人际关系。大学生良好的社会责任情绪可以从以下方面入手培养。

第一,培养大学生社会责任的正面情绪。在人的四大基本情绪中,"喜"是正面情绪。"喜"是人们期望的目标达到自己要求或需要得到满足之后,之前的紧张感得到解除时的快乐情绪体验。按其由弱到强的程度可分为满意、愉快、欢乐和狂喜。大学生社会责任情绪的培养包括社会责任的满意情绪培养、社会责任的愉快情绪培养、社会责任的欢乐情绪培养和社会责任的狂喜情绪培养。这些不同强度的社会责任正面情绪是依据大学生对社会责任目标的设定以及目标的实现情况而定的。

第二,抑制大学生社会责任的负面情绪。培养人们的正面情绪既要从正面情绪入手,也要从负面情绪入手,以便扬长避短。在人的四大基本情绪中,"怒""哀""惧"是负面情绪。大学时期是人生发展的一个重要时期,也是情绪多变的时期。培育时代新人的目标赋予了大学生更高的要求、更多的任务,这在一定程度上给新时代大学生带来了情绪困扰,如,担心自己承担的责任完成不了而产生焦虑、抑郁等不良情绪。

第三,稳定大学生社会责任情绪的状态。社会责任情感培养从某种意义上来说是一种心理健康教育。在大学生社会责任情绪培养中存在心境、激情和应激这三种情绪状态。这三种情绪状态有的心境占的比例多点,有的激情占的比例多点,有的应激占的比例多点,这三种情绪占比多少主要依据新时代大学生的自身情况、社会责任的性质和周围环境。一般认为,大学生对社会责任要保持一种平静和持久的心境状态,在疲乏困顿时要有勇于承担社会责任的激情,在承担社会责任过程中遇到紧急情况要有必要的应激反应。

第四,掌握大学生社会责任情绪的调适方法。大学生情绪有时不稳定,需要自我调适。不稳定的情绪来源于不合理的观念,如绝对化要求、过分化概括、糟糕至极。如"我必须把社团交给我的任务完成",有这种要求固然好,但是并不是每个人都能按照要求按时按质按量地完成。在完成任务,履行职责过程中,偶然的不顺利、不顺心被大学生看成是必然的事,从此认为自己不行,彻底否定自己。为此,要适当地宣泄情绪,积极地自我暗示,通过放松训练、音乐调节、想象放松等方法进行调节。

2）大学生社会责任感情培养

感情与情绪既有联系又有区别。情绪一般指短暂而强烈的具有情景性的主观反应。感情一般指稳定而持久的、具有深沉体验的主观反应。情绪带有感性成分多点,而感情带有理性成分多点。大学生社会责任情感培养就是要实现从情绪培养向感情培养的转变,以便使大学生从内心深处认同社会责任,把承担社会责任作为自己的本职工作。实现这种转变需要从意向走向态度,从态度走向信仰。因此,新时代大学生社会责任感情培养包括以下三部分。

第一,意向培养。意向是个体对客观事物反应倾向,是行为的准备状态,表现为人们的欲望、希望、愿望等反应,是对行为的内在意识过程,这一过程是对行为目标的关注。社会责任意向是人们把自己的所思所感所为指向社会责任这一领域,并为承担社会责任进行的人、财、物方面的准备。大学生社会责任意向培养主要任务就是聚焦大学生对社会责任的关注。

第二,态度培养。态度是指人们对特定对象所持有的一种稳定心理倾向。这种心理倾向蕴含着人们的主观评价。可见,态度具有一定的稳定性和可评性。只有稳定性,才能发挥持久作用,只有稳定性才方便被评价,只有被评价,才能扬长避短,不断进步发展。大学生只有形成对那份社会责任所持的良好态度,才能始终如一地承担起社会责任,才有可能获得来自社会对自己的评价。一方面从正面评价中获得成就感和满足感,坚定继续承担社会责任的信心;另一方面从负面评价中得知自身的短处和需要完善之处,以便及时改进。这样反过来有利于良好的社会责任态度的培养。

第三,信仰培养。信仰是指人们对某种思想或宗教以及对某人某物的信奉和敬仰,把某种思想作为自己的人生指导思想,把某人作为自己的行为准则和榜样,即使遇到困难时,也能尽自己最大努力,甚至不惜一切代价克服困难,继续前进。信仰带有理智的主观色彩。信仰的力量是伟大的,因为有理智做基础。大学生应该把社会责任信仰作为自己的人生指导,把在承担社会责任中表现良好的同学、朋友作为自己学习的榜样。同时,用习近平新时代中国特色社会主义思想夯实自己的理智,使信仰在承担社会责任中发挥巨大的潜能。

8.2.3　达成行为

大学生社会责任行为是社会责任认知与社会责任情感的外化表达,社会责任行为是探知社会责任认知与社会责任感情的路径。按照责任教育目标,重点放在最能体现社会责任感的内容上,实现认知到认同再到践行的转化。大学生社会责任行为塑造具体包括以下两方面的内容。

(1)从心理学角度来看大学生社会责任行为塑造。心理学认为:行为塑造是指通过各种强化手段来矫正人们的行为,使之逐渐接近某种适应性行为模式的强化手段,是根据斯金纳的操作条件反射研究结果而设计的。行为主义理论认为学习即"刺激—反应"之间联结的加强,教学的艺术在于如何安排强化。责任与道德形成的关键在于学习与强化。当积极的责任行为发生时,应该加以正强化,如鼓励、表扬、奖励等,使积极行为持续下去;当消极的不负责任行为发生时,应加以负强化,如批评、惩罚等,使消极行为减少。通过强化过程,能够对个体的责任行为进行塑造。在行为塑造过程中,多采用正强化的手段,正强化是一种鼓励,鼓励正确行为的产生。一旦符合人们需要的行为出现,就立即给予正强化,直到一种新的习惯性正确行为产生。必要时也可采取负强化,负强化是一种惩罚,惩罚错误行为的产生。一旦不符合人们需要的行为出现,就立即给予负强化,直到一种旧的习惯性错误行为消失。在行为塑造过程中,应该根据行为人和环境的具体情况,将正强化与负强化结合起来使用。因此,应该结合中国特色社会主义进入新时代这一大环境以及大学生的特点,通过正强化和负强化的结合来塑造他们的社会责任行为。

第一,行为塑造方法的选择。在社会责任行为塑造过程中,要根据行为塑造的不同目标,行为塑造内容的不同特点,以及大学生在承担社会责任中问题的性质、存在方式、产生的原因等情况,运用适当的方法,做到方法的针对性、创造性和综合性。大学生社会责任行为塑造方法的针对性就是从实际出发,实事求是,用不同方法完成大学生社会责任行为塑造这一任务,其实质是要求新时代大学生社会责任行为塑造方法的运用合乎大学生社会责任行为塑造过程的客观规律,合乎大学生社会责任感,社会责任道德,社会责任中"知""情""意""行"的客观发展规律。大学生社会责任行为塑造方法的创新性就是要解放思想,与时俱进,以增强大学生社会责任行为塑造的实效性为基本要求,自觉研究大学生社会责任行为塑造中的新情况、新问题和新方法,综合运用哲学、教育学、心理学等相关学科所取得的研究成果,丰富和发展适应新时代要求的大学生社会责任行为塑造的科学方法论体系。运用微信、微博、直播等多媒体的普及,互联网的迅速发展,现代科学技术成果,实现大学生社会责任行为塑造手段的现代化。大学生社会责任行为塑造方法的综合性就是教育者根据新时代中国特色社会主义发展和大学生思想活动的特点在实施社会责任行为塑造过程中,综合分析大学生社会责任行为塑造体系内部各要素的特点以及环境复杂性特点,同时或先后使用一种以上行为塑造方法,使这些方法之间构成协调、有序的关系,形成塑造合力,从而使大学生社会责任行为塑造产生综合效果。

第二,行为塑造的过程。在社会责任行为塑造过程中,包括四个步骤。①定义目标行为。目标是行为的动力和方向,目标的确定应该不能脱离目标实施者的实际能力,目标太高太难,会使得目标实施者有"难以登天,干脆放弃"的思想,最终放弃目标,目标太低太易,会使得目标实施者有"不屑一顾"之想,即使目标实现也很少会给目标实施者带来较大成就感,对目标实施者各方面的提高效果不大。因此,目标的确定应该在目标实施者通过自身的努力能够达到的范围之内。所以,要合理确定大学生社会责任行为塑造的目标行为。②确认初始行为。初始行为即个体已有的、与目标行为有关的行为。在这些初始行为当中,有的初始行为与目标行为保持一致,有的初始行为则偏离目标行为。对于与目标行为保持一致的初始行为,主要从加强行为动力入手,加强正强化,对于偏离目标行为的初始行为,主要从改正行为指向入手,加强负强化。由于成长经历、知识储备、生活体验、家庭环境、教育情况等方面的不同,大学生进入大学之后的初始行为存在差异,责任感、做事认真程度有强有弱,有的有正义感,有的则没有,有的意志坚强,有的意志薄弱。因此,在塑造大学生社会责任行为要对照目标行为及时纠正偏离目标的初始行为。③选择塑造步骤。在大学生社会责任行为塑造过程中,各个步骤之间所体现的社会责任行为的改变应恰当,步子太小会费事,步子太大可能导致停滞不前。④确定强化刺激物。由美国心理学家斯金纳提出的强化理论认为:人的行为是对其所获刺激的函数。如果这种刺激对他有利,则这种行为就会重复出现;若对他不利,则这种行为就会减弱直至消失。正强化指某一刺激物在个体做出某种反应后出现,并且增强了该行为发生的概率,这一刺激物被称为正强化物。负强化指某一刺激物在个体做出某种反应后出现,并且降低了该行为发生的概率,这一刺激物被称为负强化物。强化物大体分为物质强化物和精神强化物。大学生有着物质需求和精神需求,应合理使用物质强化物和精神强化物,主要在精神上满足他们。

(2)从实践角度看大学生社会责任行为塑造。责任实践既是对责任意识的落实,又是对责任意识的丰富和补充,还是深化责任认识、提高责任能力、增强责任意识、调节责任情绪、增进责任感情的有效途径。人们的责任行为不仅仅是体现在职业活动中,还体现在家庭生活、个人的学习生活、休闲娱乐活动中,也体现在交朋结友和思维活动中。责任是全方位的。个人责任是与政治责任、信仰责任、职业责任联系在一起的。人是一个有机的整体,在行为主体的大脑中,各种活动是四通八达、互相关联、互相影响的。

第一,理论与实践互动型实践。大学生社会责任的理论性实践表现在运用大学之前掌握的知识来进一步加强大学期间的理论学习,包括技术学习、思想学习、政治学习等等。随着中国特色社会主义建设进入新时代,大学生更要加强习近平关于社会责任有关论述的学习。实践性实践是对某一实践活动的实践,即某一实践活动不是理论上的阐述,而是实践层面的具体实施。大学生社会责任行为塑造不是仅仅让他们从理论上知道所以然,还要从一件件具体事情中去落实,在此基础上不断总结经验教训,实现大学生社会责任行为塑造的理论与实践互动型实践。

第二,整体全面型实践。马克思主义从分析现实的人和现实的社会生产关系入手,阐述了关于人的发展学说,其学说的主题是人的整体全面发展。人的整体发展指人的各种最基本或最基础的素质必须整体发展。人的全面发展指人的德、智、体、美、劳等方面的发展。就社会责任来说,大学生只有具备大公无私、奉献社会的高尚品德才有愿意承担社会责任的意向,只有掌握好科学文化知识才有承担社会责任的能力,只有具备健康的身体才能有承担社会责任的基础,只有养成热爱劳动、尊重劳动果实、艰苦奋斗的习惯才能有承担社会责任的实践基础和可能。

8.3　构建良好的社会环境

社会环境是一个大的体系,它随着社会的演进不断发生着变化,对人的成长和发展起着重要的作用,人们身处其中,受其影响。健康良好的社会环境促进人的全面发展,不良的社会环境则对人的全面发展起阻碍作用,对大学生的德育教育和社会责任感的培育要充分发挥社会环境"育人"作用。当前,构建优良的社会环境,发挥环境育人的作用,已经成为引导大学生树立强烈的社会责任感的重要基础因素。道德教育理论强调,道德教育既有独立性一面,又与经济、政治、文化、社会等有着密切关系,离不开宏观大环境的塑造,这为大学生社会责任教育提供了理论来源。

8.3.1　弘扬优秀传统文化

中华民族五千多年的文明发展,积淀了许多优秀的文化精粹和优良的传统美德,内涵丰富,博大精深。大学生社会责任教育以中华优秀传统文化教育为起点,从中汲取丰富营养和持久发展的动力。在中华民族传统道德的发展过程中,贯穿着"公私之辨"和"义利之辨"。我国第一部诗歌总集《诗经》中就已经给出了"夙夜在公"的结论,西汉时期的贾谊在《治安策》中提出"国而忘家,公而忘私"的责任要求,宋代的范仲淹在《岳阳楼记》中写下了"先天下之忧而忧,后天下之乐而乐"的千古名句,明末清初顾炎武提出"天下兴亡,匹夫有责"的大情怀。在《论语·阳货》中孔子提出"君子义以为上",孟子继承孔子对义的要求,在《孟子·告子上》中提出"生,亦我所欲也;义,亦我所欲也;二者不可得兼,舍生而取义者也"的著名论断。《汉书·董仲舒传》提出"正其义不谋其利,明其道不计其功",指出了仁人君子对道义的追求。这些都强调对国家、社会、民族的责任意识和奉献精神。正是这种对国家、社会、民族的责任意识和奉献精神激励着一代又一代中国人为中华民族的兴旺发达而奋斗。新时代大学生也要继承和发扬中华民族优秀传统文化中的责任精神和奉献精神。

中华优秀传统文化是中国文化的根和源头,中华优秀传统文化不仅含有丰富的社会责任思想,而且渗透进中国人的血液和生活中去了。中国传统文化已经成为中国人的思维主轴和行为主轴,是中国人生活方式和生存方式的一个组成部分。大学生社会责任感培育必须扎根于中华优秀传统文化,其中蕴含着丰富的社会责任思想。孔子为《周易》写的《象传》中说:"天行健,君子以自强不息;地势坤,君子以厚德载物。"这两句话的意思是自然界万事万物的运动发展是刚强有力的,根据天人合一思想,君子也应该像自然界万事万物一样,在日常生活中为人处事时,要充分发挥主观能动性,自力更生,不断追求进步。加强自我道德修养,增厚自己的美德,以便能够容载万物。然而要达到这样一种状态,君子就应该要担当起自我提升的责任,从而为担当社会责任提供基础。《易传》中说:"君子安而不忘危,存而不忘亡,治而不忘乱",意思是说君子在安定的时候不能忘记可能出现的危险,在生存的时候不能忘记可能的灭亡,国家安定,治理有序的时候不能忘记可能出现的祸乱,这就是"居安思危"。

2015年习近平同志在向中华全国青年联合会第十二届委员会全体会议、中华全国学生联合会第二十六次代表大会发来的贺信中说到"士不可以不弘毅,任重而道远",以此勉励全国各界青年、大学生要关心国家的前途、民族的命运、人民的幸福,自觉承担起应该承担的责任。《孟子》中的"穷则独善其身,达则兼济天下""乐以天下,忧以天下",《吕氏春秋》中的"士之为人,当理不避其难,临患忘利,遗生行义,视死如归"等中华优秀传统文化是我们中华民族引以为豪的突出优势,是我们国家发展中最深厚的文化软实力,蕴含着丰富的传统责任伦理思想。传统责任伦理是新时代大学生社会责任体系中重要的组成部分,对新时代大学生社会责任的有效担当起着伦理层面的指导作用。临患忘利、遗生行义、视死如归等都蕴含着丰富的儒家担当社会责任思想。责任伦理不仅是现代社会的理念,还是传统社会关注的对象,在中国从孔孟以来就有责任伦理的传统,重视责任承担是中华民族一项重要的传统美德。传统责任伦理作为传统文化的重要组成部分,蕴含着丰富的责任伦理思想,潜移默化地影响着人们的思维方式和行为习惯。这些责任伦理思想的教育与大学生社会责任教育紧密联系。如,父慈子孝、兄友弟恭的家庭责任伦理思想教育是新时代大学生家庭责任教育的重要方面;修己安人、仁者爱人的人际责任伦理思想教育为新时代大学生人际关系提供指导;重义济世、敬业乐群的职业责任伦理思想教育有利于指导大学生做好本职工作,在自己所从事的工作岗位上做出贡献,较好地承担起职业责任;清正廉洁、公正无私的行政责任伦理思想教育是大学生社会责任教育的前期教育。总之,传统责任伦理是大学生公民责任感培育的重要资源。培育大学生社会责任感和使命感,就要从传统责任伦理资源中汲取有益的部分,尤其是吸收中国传统价值中具有现代引领和指导意义的优秀价值资源。

大学生社会责任教育和实践可以通过不同课程的教学来融入中华优秀传统文化。如教育学中关于中国古代教育家教育思想的教学,教师就可以挖掘其中教育方面的优秀传统文化及其蕴含的责任思想。如唐代文学家韩愈《师说》中的"师者,所以传道授业解惑也",意思是老师是用来传授道理、教给学业、解释疑难问题的人,这就表明教师应对自己的职业承担一定的责任。管理类课程中关于公司、企业等市场主体社会责任的讨论蕴含着中华优秀传统文化管理方面的思想,可以成为新时代大学生社会责任教育的素材。在中华优秀传统文化实践方面,可以利用中秋节、清明节等中华传统节日开展纪念活动,组织志愿者活动,开展中华优秀传统文化传播实践活动,使大学生在传播中华优秀传统文化的实践中明确责任目标,提高大学生中华优秀传统文化传播的品质以及大学生的社会责任意识和践行能力。

8.3.2　践行核心价值观

大学生社会责任教育要朝着正确的方向前进,必须以社会主义核心价值观教育为引领,并自觉地践行核心价值观。社会主义核心价值观在国家层面、社会层面和个人层面与新时代大学生社会责任中的国家责任、社会责任、个人责任相对应。社会主义核心价值观中的各个层面以及每个层面中的各个部分和新时代大学生社会责任中的国家责任、家庭责任、个人责任都体现着马克思主义哲学关于一切事物都是联系发展的原理。政治经济学是一门研究社会生产、资本、流通、交换、分配和消费等经济活动、经济关系和经济规律的学科。社会主义核心价值观教育和新时代大学生社会责任教育正是在社会主义市场经济的完善和发展中产生的,并为其服务。社会主义核心价值观 24 字所描述的社会是广大人民所向往的理想社会,反映了最广大人民的价值诉求。有社会责任感,勇于承担社会责任是新时代大学生道德品质的表现。社会主义核心价值观是从社会主义核心价值体系中提炼出来的,同当今中国最鲜明的时代主题相适应,是当代中国发展进步的精神指引,而实现中华民族伟大复兴中国梦是新时代大学生最重要的社会责任。社会主义核心价值观中的"自由、平等、公正、法治"反映了人们对美好社会的期望和憧憬。一个"自由、平等、公正、法治"的社会也是一个和谐的社会。家庭是社会的细胞,社会和谐的根基在家庭和谐。家庭责任也是新时代大学生的一种重要责任。社会主义核心价值观中的"诚信、友善"体现的是人与人之间一种美好的关系,这种关系可以被视为一种自己对他人的责任。

社会主义核心价值观教育中如何融入大学生社会责任教育,可以从以下三个方面着手。

(1)在社会主义核心价值观国家层面教育中融入大学生社会责任教育。社会主义核心价值观在国家层面提炼为"富强、民主、文明、和谐",在社会主义核心价值观国家层面教育中融入新时代大学生社会责任教育,一是在"富强"价值观教育中融入大学生的经济建设责任教育。大学生正处在学习科学技术的关键时期,要把握大好时光,努力学习科学文化知识,为中国特色社会主义经济建设贡献力量。二是在"民主"价值观教育中融入大学生的政治建设责任教育。社会主义核心价值观中的"民主"价值观就是要发展社会主义民主政治,就是要坚持中国特色社会主义政治发展道路,健全人民当家做主制度体系,巩固和发展爱国统一战线,坚持"一国两制",推进祖国统一。大学生要心系国家和民族的前途命运,认识我国社会主义民主政治制度与西方国家民主政治制度的不同之处,增强对我国民主政治制度的自信心,还要将国家意义上的民主政治制度运用到学校层面上来,在学校的学习和生活中营造民主氛围。三是在"文明"价值观教育中融入大学生的文化建设责任教育。社会主义核心价值观中的"文明"价值观就是要提高广大人民群众的科学文化素质和思想道德素质,使物质文明和精神文明协调发展。就学校范围来说,可以通过"文明校园""文明学院""文明班级""文明寝室"等评选活动提高大学生的责任感,还可以通过学校文化建设来提高学生的文化建设责任感。

(2)在社会主义核心价值观社会层面教育中融入大学生社会责任教育。社会主义核心价值观在社会层面提炼为"自由、平等、公正、法治",这是社会主义和谐社会的必要要素。在社会主义核心价值观社会层面教育中融入大学生社会责任教育要从大处着眼,小处着手。从大处着眼就是要教育大学生深刻理解"自由、平等、公正、法治"的社会主义核心价值观回答了我们要建设什么样的社会这一问题,认识到"自由、平等、公正、法治"的社会主义核心价值观与实现国家治理体系和治理能力现代化的要求相契合。从小处着手就是要在学校这个小社会中教育大学生要时时刻刻以"自由、平等、公正、法治"的社会主义核心价值观指导自己的学习生活,处理好自己与自己、自己与别人、自己与教师、学习与恋爱、学业与毕业等各种矛盾关系,在校外实践活动中,要遵守社会规范和社会公共秩序,为建设社会主义和谐校园和社会主义和谐社会贡献力量。

(3)在社会主义核心价值观个人层面教育中融入新时代大学生社会责任教育。社会主义核心价值观在个人层面提炼为"爱国、敬业、诚信、友善",对大学生而言就是要处理好自己与国家、自己与学业、自己与自己、自己与他人的关系。这些关系涉及了新时代大学生的个体责任,自己与国家的关系涉及了自己对国家承担的责任,自己与学业的关系涉及了自己对自己学业承担的责任,自己与自己的责任涉及了自己对自己承担的责任,自己与他人的关系涉及了自己对他人承担的责任。大学生处理好自己与国家的关系首先就是要爱国。爱国主义是中华民族的优秀传统,是中国革命、改革和建设取得胜利的精神动力之一。大学生爱国主义教育就是要让大学生们在中国历史教育中树立起为建设社会主义现代化强国,实现中华民族伟大复兴中国梦的理想,并以高度的社会责任感来激励自己。大学生处理好自己与学业的关系首先就是要敬业。这就要在理论上教育大学生认识到学业与敬业的关系,在实践中通过课堂管理、学业考评、学习规划、学习辅导等方面规范大学生的学习行为,解决学习中的困难。大学生处理好自己与自己的关系首先就是要诚信。这就要教育大学生不要自欺欺人,否则欺骗自己也欺骗别人,不肯面对事实,摧毁的是自己,这也是一种对自己不负责任的行为。大学生处理好自己与他人的关系首先就是要友善。这就要教育大学生在人际交往中要怀着一颗善良的心,想他人之所想,急他人之所急,与人为善。

8.3.3　民主法治为价值遵循

民主法治作为大学生社会责任感培育的核心理念,是社会责任感必须坚持的政治指导框架,可以通过对公共责任和义务的践行和社会公共事务的参与,引导大学生参与国家管理。亚里士多德指出,"人天生是政治动物",对政治生活的参与是其存在的方式和特征,而政治参与的核心就是民主法治。民主是价值根基，而法治是方法和路径，社会责任感也必然在这两方面均得以凸显。作为一种手段和方式，法治必须要引导、整合个体的思想行为，塑造和培育法治精神和意识，使民主得以确认和保障。从某种程度上而言，对法治的认同就是对民主的认可，民主法治就是大学生社会责任感培育的核心理念和价值遵循。维护社会的和谐稳定和发展，离不开民主法治的不断完善，民主法治的完善又可以激发大学生政治参与和国家公共事务参与的意识和热情。只有发扬民主法治精神，保证他们的权利，才能使他们逐渐意识到自己的主人翁地位，进而明确自身对国家有相应的责任和义务，并在践行中培育责任感。当前，一些与主流价值观相背离的现象仍然存在，如贪污腐败、诚信缺失、逃避责任等。这些不良现象既污染了社会风气，又打击了大学生对社会主义建设事业的信心，不利于理想和信念的树立。因此，党和政府要健全民主法治建设，加强廉政建设，创建良好的党风，形成良好的社会风气，使大学生对党和国家的事业树立信心，进而自愿为国家、社会的发展承担时代所赋予的使命和责任。

8.3.4　净化网络生态

随着信息技术的快速发展，互联网已经与大学生的日常生活、学习密不可分，成为当前大学生交流、学习和获取信息的主要手段，网络的大范围使用对大学生社会责任感的培育具有较强的渗透力和影响力，已渗透到校园生活、社会文化的方方面面，它给大学生在提供快捷便利的同时，也随之带来一些不良的思想意识和价值观传播。网络世界是一个相对虚拟的空间，互联网的自由开放性特点正迎合了大学生追求自由和不受约束的心理特质。在这个"自由"世界随意发表意见，身处其中的大学生，很容易受到不良网络内容影响，弱化意志，淡化社会责任感。信息技术的快速发展和网络的广泛普及，催生了许多新媒体和自媒体，网络虚拟空间的言论自由、网络舆情、民意表达，一定程度上导致了人们价值选择和心理的复杂化，这些都涉及个体的道德边界和媒介素养，也使得大学生社会责任感面临重重考验和危机，使现有的法律监管变得困难。因此，采取行之有效的方式，对网络生态应当积极应对，充分利用网络这一先进的教育载体。对大学生的社会责任感进行培育，营造风清气正的网络生态环境是网络环境下对大学生进行社会责任感培育必须要解决的问题，着眼于四个方面：①要增强对互联网媒体的控制力度，加强舆论引导，以提高媒体操作者、经营者的责任意识为着力点,进而突出网络媒体的社会责任,创建充满责任感的网络环境。②要落实实名制,优化网络环境。加强网络实名制管理,从源头上防范网络暴力、网络谣言、网络赌博和网络色情等不良现象的产生,要严厉打击网络造谣行为,依法治网,用积极向上的思想引领网络,创建优良的大学生社会责任感培育的网络环境。③要引导网民文明上网,尤其要引导好大学生网民,以他们模范的网络行为带动周围的同学,为大学生社会责任感的形成创造和谐的网络局面。④有效整合网络资源,营造健康的网络环境。从学生的实际需求出发,将与学生日常学习和生活相关的校内信息及校外相关资源整合起来,建立集中性、实用性的学校网络一体化服务平台,屏蔽网络垃圾信息,把健康实用的信息置于校园网络中,净化校园网络环境。扩展网络信息内容,积极宣传大学生践行社会主义核心价值观的先进事迹,找到理论宣传与现实生活的结合点,用大众化的语言解读时代价值。

8.4　优化培育方法

大学生社会责任培育还要通过不断优化培育方法来实现。

8.4.1　完善教学方法,营造教学情境

大学生社会责任感的发展既需要认知建构,又需要情感调控,同时也需要其社会责任行为得到不断的强化。教育者需要在培养过程中有意识地通过外在强化来促进大学生社会责任行为从偶尔出现向经常出现发展,即形成良好的社会责任行为习惯。对于社会责任感的培养而言,社会责任感发展的学习过程本身就具有特殊情境性。所谓特殊情境性,是指社会责任感发展的学习过程不可能脱离特殊的情境而抽象地存在,学习活动应该融入特定的情境化的社会实践活动之中。只有通过实践活动,社会责任感才能真正发展出来。这就需要教育者要为大学生不断地创设责任情境,让社会责任行为在特定的责任情境中得到展现和强化。

(1)教师要主动为大学生创设责任情境。由于大学生在学校生活中所遇到的情境不是时刻都适合培养教育工作的,这就需要教育工作者根据社会责任感的培养目标与内容去主动创设实践性的培养情境。例如:为了培养学生爱护公共卫生的责任感,可以组织学生参加校园、街道或社区卫生清扫服务。劳动情境

能够创造"情境性认知",唤起学生原有的公共卫生经验,促进头脑中对公共卫生责任感的"同化"和"顺应"过程的进行。同时,在劳动的情境中学生们能够体会到劳动者的辛苦,从而在情绪体验和身体感受两个方面都会留下深刻的印记。再比如:为了培养学生的国家责任感,教师可以组织学生参观革命烈士公墓、革命历史博物馆、著名历史事件遗迹以及文物古迹等,让学生在这些充满国家责任感的情境中产生责任体验,唤起对国家的认同感和回报感。教师在创设责任情境时要特别注意学生对责任情境的认同感,即学生是否从内心深处真正理解和认同责任情境,这是使用责任情境能否促进学生社会责任行为发展的关键所在。

(2)家长要主动为大学生创设责任情境。家庭生活充满了丰富的感情色彩,在用爱心构筑的家庭之中,父母也可以为大学生主动创设相应的责任情境,这将特别有利于激发大学生的社会责任感。很多家长在面对孩子的时候都不愿意将家庭目前所面临的困难告诉孩子,怕孩子的心理承受能力弱,从而影响其学习成绩或引发其他心理问题。其实这样的做法是无助于孩子心理素质的提高的,并且不利于孩子责任感的培养。只有在面对困难并努力克服困难的过程中,大学生的生活阅历、意志力和责任感等心理品质才会有所提高,其人格才会健康成长。家庭遇到困境时恰恰是个体家庭责任感发展的最佳时机。家长需要将家庭所面临的困难告诉孩子,例如经济压力或家庭矛盾等。让大学生树立为家庭负责,为家长分忧的责任感,有意识地让大学生参与到家庭问题的解决中来。平时的生活中多与大学生谈论国家大事和社会热点问题等,引导他们把视野放开阔,多关注家庭以外的事情。

(3)大众传媒要主动为大学生创设责任情境。电视、报刊、网络、电台等大众传媒具有宣传教育的功能。但是,个别娱乐类节目中存在单纯地为了吸引观众喜爱的低俗、庸俗、媚俗的节目,这些节目对大学生的思想道德修养产生了很多不良影响,使一部分大学生产生了低俗的价值观,只关注娱乐而忽视时政和其他人文关怀类信息,这势必会影响到大学生社会责任感的培养。对于大学生这个思想意识超前且追求时尚潮流的群体,互联网对他们的影响是非常大的。绝大多数学生都通过计算机或手机经常上网,属于标准的网民。在网络世界里,人们可以摆脱传统社会的管理,进入一个新的世界,由于自己的身份被虚拟化,大学生的个人主义倾向就会被不断强化,高度自由的网络世界也会使得一些大学生放纵自己的行为,淡漠社会责任感。因此,大众传媒在大学生社会责任感的培养中也要扮演重要角色,各类大众传媒要主动为大学生创设社会责任情境,多宣传报道一些与社会责任感有关的消息,在节目制作上也要坚持以呼唤社会责任感为导向,在与大学生实时互动的基础上逐步引导大学生履行社会责任。

8.4.2　延伸教学场域,创新培育载体

大学生社会责任感培育要用全局和系统思维坚守主阵地,开辟新路径。

(1)站稳第一课堂。在"基础"课内将思想道德教育内容发挥更大功效。从"基础"课拓展到其他思想政治理论课。"马克思主义基本原理概论"课应加强"三观"教育;"毛泽东思想和中国特色社会主义理论体系"课应进行中国特色社会主义核心价值观中"道路自信、理论自信、制度自信、文化自信"教育;"中国近现代史纲要"课应从中国法治与德治历程中,坚定中共领导的中国特色社会主义发展道路的历史必然性和发展的认同;"形势与政策"课应通过时事教育,进一步培育社会责任感。从公共课拓展到各专业课,满足不同专业学生全面发展的需求,培育社会责任感。将课堂教育拓展到教育管理、服务和环境建设中,建立校党委书记领导的法治教育综合协调机构,校宣传处、学生处、团委、学生辅导员和课程教师密切分工、协同和配合。注重依法治校,培育大学精神,净化校园文化氛围等。

(2)由封闭到拓展、开放,全面培育社会责任感。信息化时代,在坚持运用社会责任感培育传统有效载体的同时,必须积极结合新兴传播媒体,拓展责任感培育的渠道,创新责任感培育的方式。2013 年,中共中央办公厅《关于培育和践行社会主义核心价值观的意见》中指出"适应互联网快速发展形势,善于运用网络传播规律,把社会主义核心价值观体现到网络宣传、网络文化、网络服务中,用正面声音和先进文化占领网络阵地"。[1] 同年我国互联网发展报告统计显示"目前我国的网民总数达 5.91 亿,而大专及以上学历的学生群体将近 1.2 亿"。[2] 而在2015 年该报告统计表明"截至 2015 年 6 月,我国网民规模达 6.68 亿,互联网普

---

[1]　中共中央办公厅.关于培育和践行社会主义核心价值观的意见[EB/OL].中国共产党新闻网,2013 - 12 - 23.

[2]　中国互联网络信息中心.第 32 次中国互联网络发展状况统计报告[DB/OL].http://www.cnnic.net.cn/hlwfzyj/hlwxzbg/hlwtjbg/201307/t20130715_38508.htm,2013 - 07 - 15.

及率为 48.8%"。^① 大学生已逐渐成为网络世界的主力军。在网络虚拟环境下，未经考证和验证的各类信息冗杂，大学生必然会受到不同价值观、思维方式、主体意识、个人观念的影响，也会有大学生迷失自我。培育大学生社会责任感，网络虚拟空间更要以核心价值观引领，加强和改进网络内容建设。可以采取多种有效方式，涓涓细流终会汇成大海，通过特殊节日和传统节日开展主体宣传教育活动，充分利用校园网络集中性的传播优势，使学生在轻松的氛围中更多地了解我国传统文化和历史，认清现阶段国家发展的主要任务，明确大学生为建设富强、民主现代化国家而承担的责任。

（3）发挥网络文化育人作用，掌握网络文化主动权。高校应利用好微信、微博等网络平台，建设有影响力的自有网络宣传载体，如开设官方微博、微信公众号等。借助网络平台，举办知识竞赛、网络文明讲座、网络精品课堂、网络文化节等形式多样的网络活动。一些高校在积极推进网络文化育人工作中已经取得一定的成效，积累了一些经验，例如东华大学开展"易课堂，易分享""名师护航，梦想飞翔""课件分享，线上答疑"等主题教育活动，师生共建网上精神家园。上海工程技术大学开展"精品课程在线""心灵驿站""名师助教 相聚云端"等活动，积极拓展和发挥网络资源优势，以良性互动转变学生网络使用习惯，寓教于网，引导学生提升自我认知、明确价值选择和人生目标，用便捷的网络活动实现思想育人导向，使大学生在参与中甄别，在多样化的网络空间坚定主导价值观念，担负起积极传播网络主流文化的责任。

（4）运用新兴媒体传播主流价值观，使社会主流意识占领网络阵地。新媒体和自媒体的广泛运用，使人们交流更便捷，信息互通更快捷，"微博""微信""QQ"等自媒体已深刻改变了传统的生活方式，人人都能通过网络传播各种信息，置身于铺天盖地、无法甄别的各类信息，更需要对网络的监督和监管，既需要公权的介入，更离不开私权的监督。用公权力建立并完善虚假信息甄别、处理系统，杜绝虚假信息的传播。用个体私权力实现全方位的监督和约束。在虚拟世界中依旧秉持"诚信为本"的道德标准，树立对他人、对社会负责的高度责任感。利用自媒体时代网络的影响力，明确大学生在网络文化传播中的主体责任，树立网络法

---

① 中国互联网络信息中心.第 36 次中国互联网络发展状况统计报告［DB/OL］.http://www.cnnic.net.cn/hlwfzyj/hlwxzbg/hlwtjbg/201507/t20150722_52624.htm.2015－7－23.

治观,营造良好的网络生态,自觉远离网络垃圾信息,积极宣传社会主义核心价值观,传递网络正能量,禁止在网络虚拟世界中传播不良讯息。努力发挥大众媒体的积极作用,利用极具影响力的传播媒介将责任意识渗透到社会生活的各个方面,拓展社会责任感教育的宽度和广度,使大学生在正确的价值观念引领下树立高度的社会责任感,合理正确地使用新兴媒介的导向功能,提高大学生的责任行为能力。

8.4.3　健全培育制度,强化宣传力度

大学生社会责任感培育是一个系统工程,离不开完善的培育体系和保障措施,培育的具体培养措施包括以下两点。

(1)建立健全社会责任感相关的制度建设。例如,建立起一套相对完善的社会信用体系,让大学生坚信我们的诚信社会。健全各项法律法规,让即将走向社会的大学生群体明确自身的社会权利与义务,他们就会把社会责任当成自己的分内之事,自觉地去履行社会责任。加大惩治腐败力度,让大学生对政府形象信心倍增。转变政府部分人员的工作作风,大力打击以权谋私和权钱交易的违法行为,让大学生感到我们的党和政府是真正为人民服务的,同时规范市场经济,让大学生在公平与正义的氛围下唤起社会责任感。

(2)加强社会责任感教育的宣传力度。党和政府的主流传媒加强了舆论宣传力度,适度增加了有关社会责任承担的相关节目的播出比例,用正面的舆论来引导大学生对社会责任产生正向的价值判断,进而引导其做出对他人和社会有意义的事情。另外,网络媒体在大学生社会责任感培养过程中也发挥了强大的功能。

(3)为大学生提供一些实践锻炼的机会。引导大学生走出校园,深入社会,了解社会,在实践中认识国情,帮助大学生解决对社会发展中的一些问题的困惑,把握社会发展的主旋律,从而加深对书本知识的理解和体会,在实际操作中接受教育,增长才干。政府和社会各界力量都在尽可能地为大学生提供社会实践活动的机会,例如青年志愿者服务、义务支教、扶贫帮困、帮残敬老、向灾区人民捐款献物等各种公益性活动。

8.5　丰富社会实践活动

实践育人是高校思想政治教育的重要方式之一,坚持理论学习与实践的统一、知与行的统一,对于增强大学生服务国家和人民的社会责任感,培养他们的创新思维和勇于探索的创新精神,提高大学生解决实际问题的能力,服务于国家的现代化建设都具有不可低估的重要作用。目前高校所开展的社会实践活动内容还比较空泛,缺少创新,活动形式也较为单一、缺乏挑战性,而且未能和大学生所学的专业联系起来,减弱了他们参与活动的热情。为了避免这种情况的出现,要从实践活动的内容和形式、实践活动的可操作性等方面加强设计。

8.5.1　充实活动内容

高校德育实践应依据大学生的专业特色设定活动的内容,让他们学有所用,各尽其才,加深其对专业前景的认知,调动他们参与社会实践的热情。例如某些环境类院校,在设计学生参与社会实践活动的过程中,针对当地的环境现状,把环境专业的大学生派到环保知识技能较为薄弱的山区去,帮助那里的居民科普环保知识,并针对环境破坏的程度提出合理的建议和改善措施。这种实践形式,不仅解决了环境破坏带来的现实问题,还强化了大学生专业知识技能,增强了他们学习的动力和服务社会的责任心。也可以通过榜样力量引领大学生社会责任感培育,正如陈志钺等所提出的"高等学校对大学生开展社会责任教育要把'外部榜样'和'内部榜样'相结合,一方面要充分发挥'感动中国'人物'全国见义勇为道德模范'等'外部有效榜样'的示范作用,通过学习他们的先进事迹,使大学生进一步认同,并在学习生活中主动自觉地践行;另一方面要充分发挥大学生身边优秀思想政治理论课教师、辅导员和优秀学生党员干部等'内部有效榜样'言传身教的示范作用"。[①] 这正是社会学习论观点所言:观察学习包括注意、保持、复制和动机四个子过程。学习者注意并知觉榜样情境,在保持中记住从榜样情境了解的行为,在复制过程中将头脑中已有榜样情境的表象转为外显的行为。社会学习论中的示范教学可以应用于学校的课堂教学之中,充实活动内容。

---

① 　陈志钺,张禧,何临春.大学生社会责任感培养的价值诉求与路径选择[J].沈阳农业大学学报(社会科学版),2015(4):444-448.

8.5.2　拓展实践场所

坚持社会实践与课堂内外的结合、假期与平常生活的结合、专业实践与社会服务的结合,充分发挥社会实践的实效性。建立实践活动场所,为学生创造参加活动的环境。实践基地是大学生参加社会实践的主要场所,因此,在校内可以通过课程实验、知识竞赛、文化沙龙等,为大学生提供理论和实践相结合的机会,在校外可以与社会公益组织协商,寻找发展空间较大的单位、集团,与高校达成长期稳定的合作,并自愿成为社会实践活动的基地。各界共同努力为学生的实践营造物质环境条件,共同构建关心、支持大学生参与志愿服务与社会实践的氛围,增强他们的社会责任感。党的十九大报告指出:"推进诚信建设和志愿服务制度化,强化社会责任意识、规则意识、奉献意识。"[①]志愿服务作为社会责任感的组成部分,已经成为现代社会大学生践行自身责任和义务的重要方式。借助中国梦指引下的理想信念、社会主义核心价值观、优秀传统文化等大学生社会责任意识培育的内容,拓展读书学习、道德修养、文化熏陶、实践锻炼等大学生社会责任意识培育的方法与思路,提升榜样示范、大众传媒导向和重大活动教化等大学生社会责任意识培育的载体与路径。

8.5.3　完善活动形式

社会责任感教育不仅仅是主观范畴,更是一个实践的过程。正如列宁所说:"训练、培养和教育要是只限于学校以内,而与沸腾的实际生活脱离,那我们是不会信赖的"。[②]社会学习理论所主张的参与性学习和替代性学习,或通过亲身的参与,或经过体验式学习,都强调了活动形式的重要性,可以将学校课内的第一课堂、课外的第二课堂和线下的第三课堂更好地整合、完善活动的形式。第一课堂可以采用翻转教学、互动启发教学、头脑风暴探讨式学习形式。第二课堂可以发挥校内资源,如团委、学生会、社团活动、社会实践等的育人功能,又可以和校外的资源,如高雅艺术进校园、红色资源、革命主题展、社会责任教育基地等相整合。第三课堂充分利用好网络资源的育人优势,通过校园网、云间 BBS、论坛、自

① 习近平.决胜全面建成小康社会　夺取新时代中国特色社会主义伟大胜利[N].人民日报,2017-10-19.

② 中共中央马克思恩格斯列宁斯大林著作编译局.列宁选集:第四卷[M].北京:人民出版社,1995:292.

媒体等方式完善活动形式,使大学生了解社会,正确认识国情、社情和民情,拓展育人空间。

8.6　完善协同育人机制

在价值引导中,发挥全程、全员、全面的多维合力培育机制。对大学生的教育和培养是一个系统工程,其社会责任感的培育和实现仅仅依靠某一个方面必然显得势单力薄,要全社会关心大学生成长。在习近平新时代中国特色社会主义思想指引下,加强对大学生社会责任教育的引领,全方位协同推进大学生社会责任感的培育已经成为共识。建立校党委书记领导的法治教育综合协调机构,校宣传处、学生处、团委、学生辅导员和课程教师密切分工、协同和配合。注重依法治校,培育大学精神,净化校园文化氛围等。大学生的自我教育以及家庭教育、学校教育和社会教育不同程度地对大学生的成长施加着影响,增强大学生社会责任感教育的合力,形成"社、校、家、人"四位一体的大学生社会责任感教育的全新格局。

8.6.1　夯实家庭基础性作用

家庭在学生一生发展中起着重要作用,学生的启蒙教育、人际交往、家庭美德、责任教育都受家庭的影响,学生的衣食住行等各方面都来自家庭。家庭教育是大学生责任感形成的重要教育资源,父母是孩子最直接的教育者,他们的言传身教对大学生的成长发挥着深远的影响。家长对子女进行社会责任感教育,本身就是一种言传身教,通过家长践履自身责任感,使子女明白责任感的重要性,在潜移默化中增强自身的责任感。首先,父母要以身作则,要用自身的实际行动感染子女,使子女真正理解养成良好社会责任感的重要性。"爱国、敬业、诚信、友善"是社会主义核心价值观个人层面的主要内容,父母要具有高尚的爱国情怀,关注祖国的发展,维护祖国统一完整,认识到对于国家发展自身应承担的责任;在工作岗位上勤勤恳恳,敬业奉献;生活中与人为善,以诚相见,肩负作为社会人的责任。通过践行社会主义核心价值观个人层面的内容,父母用实际行动让子女认识到作为社会成员具有良好社会责任感的重要性,在国家、社会和与人相处中应该具备的责任意识。父母有责任和义务对子女进行正确的引导和正面的教育,为社会培养有用人才。若父母的行为缺乏社会责任感,就无法为子女做出正确的行为示范,那么子女也无法在家庭里得到良好的教育更无从养成良好的社会责任感。其次,家长要转变传统的教育理念。传统的应试教育使得父母更多地关注子女的学习成绩,只看重分数的高低,而忽略了对子女品格素质的养成,因此也会在思想上给大学生造成误导,认为"高分万岁"。家长要关注子女的身心全面发展,转变唯智育至上的理念,重视德育品质的培养。大学生是祖国的未来,是国家和社会发展的后备力量,父母要引导子女树立良好责任感,主动承担家务劳动、关爱长辈、替父母减轻负担,从对家庭的责任承担拓展到对他人关心帮助、为社会做贡献,最后才能把实现国家发展目标和社会价值追求的重任落实到具体的行动上来。父母与子女在相互交流中有时会出现"代沟",仅凭说服教育来灌输责任感的重要性远不能达到家庭教育的目的,因此,父母应在平等交流的基础上,以引导的方式,用自己的实际责任行为,逐步达到期望的责任教育成果。再次,父母要为子女营造增强责任感的良好环境。如今我们的生活日渐富足,正是有了这样美好的生活,家长更应该教育子女养成良好的习惯,秉持勤俭节约、吃苦耐劳的优良传统作风。家长通过鼓励子女参与志愿者活动、义务劳动等,让子女接触社会、了解社会,把最直观的生活体验上升为理性认识,使子女从小养成责任意识,培养其良好的负责任的行为习惯。

8.6.2　筑牢学校主渠道作用

思想政治理论课在高校属于公共基础必修课程,是对大学生进行思想政治教育的主渠道,也是对大学生进行社会责任感教育的重要途径。

(1)思政课堂要在思想道德教育内容中发挥更大功效。如何以正确的思想观念、价值取向、人生理念引领他们成长,便成为高校思想政治理论课的重要内容。"要深入发掘各类课程的思想政治教育资源,在传授专业知识过程中加强思想政治教育,使学生在学习科学文化知识过程中,自觉加强思想道德修养,提高政治觉悟。"①因而必须高度重视在思想政治理论课教学中加大社会责任感教育的力度。

首先,丰富思想政治理论教育内容。传统的思想政治教育缺少对于社会责

---

① 教育部社会科学司.普通高校思想政治理论课文献选编(1949—2006)[M].北京:中国人民大学出版社,2006:205.

任感培育的教学内容,这就造成高校思想政治理论课对于培养大学生社会责任感的乏力。高校要让社会主义核心价值观教育内容进教材、进课堂、进头脑,把24字"核心价值观"作为思想政治理论课的重要教育内容,精心设计和组织教学活动,使大学生深刻领悟社会主义核心价值观的基本内容,从"国家责任、社会责任、个体责任"强化大学生社会责任意识,帮助大学生在积极践行核心价值观的行动中树立良好的社会责任感。诚信做人,友善待人,加强大学生法治意识,懂法、学法、用法,做一名文明大学生。

其次,创新高校思想政治理论课育人模式,培养大学生更好的自我学习能力。坚持以生为本,营造充满人文关怀的学习氛围。传统的教学模式只强调教师讲授、学生聆听,凸显了教师的主体地位。而随着教育的改革,不断改进教学方法,倡导启发式、互动式教学模式,打破旧的填鸭式教学模式,形成学生和教师的双主体格局,教师不再是唯一的教育主体,学生也不断发挥主体作用,教师与学生都是平等主体,通过教师和学生双主体的良性互动,培养大学生自我教育、自我认识的能力,树立正确的理想信念和道德规范,保持独立人格和良好的自我修养,使大学生自觉承担和履行自己应当担负的责任和使命,坚定对未来发展前景的信心。

再次,加强大学生"三观"教育。大学生正处于世界观、人生观、价值观形成的关键时期,学校不仅要通过思想理论课教育突出大学生"三观"教育,还需要从日常的管理中帮助大学生树立科学"三观"。通过社会主义核心价值观教育,把时代的价值理念融入大学生的教育中,强化大学生的价值观导向,注重培养其以爱国主义为核心的民族精神和以改革创新为核心的时代精神。

(2)从公共课延伸到各专业课。满足不同专业学生全面发展的需求,培育社会责任感,由思政课程教师拓展为专业教师、全员教育工作者。提高教育者的自身修养,发挥社会责任感教育的榜样示范作用。2014年习近平总书记在同北京师范大学师生代表座谈时也指出:"教师重要,就在于教师的工作是塑造灵魂、塑造生命、塑造人的工作……老师对学生的影响,离不开老师的学识和能力,更离不开老师为人处世、于国于民、于公于私所持的价值观。一个老师如果在是非、曲直、善恶、义利、得失等方面老出问题,怎么能担起立德育人的责任?广大教师必须率先垂范、以身作则,引导和帮助学生把握好人生方向……"①通过提高教育者的自身素质、加强课程改革、净化教育环境等途径,促进大学生社会责任感教育的创新发展,使大学生社会责任感教育落到实处。

(3)拓展到教育管理、服务和环境建设中。学校教育除了传统的课堂教育之外,还应加强校园文化建设,重视发挥学校环境育人功能。"校园文化是以学生为主体、教师为主导的,在特定的校园环境中创造的,与社会和时代密切相关且具有校园特色的人文氛围、校园精神和生存环境。"②通过中华优秀传统文化传播实践,营造带有中华优秀传统文化气息的校园环境,发挥校园环境对大学生社会责任教育的熏陶作用。一个良好的校园环境是大学社会责任教育的良好基础,优秀传统文化气息的校园环境,让大学生从内心深处对中华优秀传统文化产生认同感。充分利用高校社团、高校广播电台、宣传栏、校报、文化艺术节、各类比赛评比、微博、微信等载体,加大对中华优秀传统文化的宣传,形成良好的舆论导向。深挖中华传统节日中的德育因素,为弘扬中华优秀传统文化提供素材,在校园既有建设的基础上,制作24字"核心价值观"标语、宣传海报等,合理布局和建造校内人文景观,来振奋学生的精神,培养大学生爱国、爱校的情感和意识。在优美的校园环境熏陶下,大学生能保持身心愉悦、积极乐观的态度,进而可以激发其热爱校园、维护校园美好生态的责任意识。校园制度作为校园文化的重要组成部分,对大学生的日常行为具有规范作用,通过制定合理的规章制度,从制度上对大学生的日常行为产生约束,逐步引导大学生确立良好的责任意识,同时根据学生实际情况完善学校管理制度。大学生社团的建设中要将社会责任的相关知识融入其中,利用大学生志愿者协会广泛宣传和践行社会责任感。通过组建大学生绿色环保社团、手拉手互助爱心社团等学生组织,多种途径推动校园文化建设。

开展以"培育和践行社会核心价值观"为主题的班团活动,引导学生积极参与校园文化传播活动,利用校园广播、校园网络、校报等各种宣传方式和载体,营造积极向上的校园文化氛围。校园是学生生活学习的主要场所,从课堂学习到校园环境,通过不同的方式向学生传达社会主义核心价值观的基本要求,使学生在耳濡目染的过程中,潜意识认同并选择这些价值观念,进而将其整合到个体的

①　习近平.做党和人民满意的好老师[N].人民日报,2014-9-10(01).
②　姜海珍.当代大学生的自我教育途径探索[J].科学之友(B版),2007(1):120.

价值体系中,把主动践行社会主义核心价值观作为自我责任,切实从实际行为提升社会责任感。

8.6.3　坚持社会导向性作用

社会教育对大学生社会责任感培养的导向性作用,主要表现在社会舆论导向。充分发挥大众传媒的积极作用,宣传和倡导社会主义核心价值观,引导社会主流价值取向,宣传社会主义先进文化,净化社会风气。广泛宣传以社会主义核心价值观为主要内容的公益广告、宣传片、歌曲等,把理论的内容以更生动的形式展现出来。打造一批精品文化产品,集思想性与观赏性于一体,通过影视作品、书籍、报刊、网络等多样化的传播形式向公民传递社会主流意识形态。大学生主动投入社会主义核心价值观的践行过程中,学习和传播先进典型的优秀事迹,增强传递正能量的责任意识和能力,共同营造积极健康的主流思想舆论氛围。对大学生社会责任感的理解不能仅停留在理论层面,必须改善大学生社会责任感培育的方式方法,拓展途径,通过社会实践高效地开展大学生社会责任感教育工作。

社会实践对于增强大学生社会责任感具有不可替代的作用。"一个人的责任感是认识过程、情感过程和意志行为过程的统一,而统一的基础,就是社会实践。责任感若只停留在认识和情感上还不够,只有在实践中以具体行为表现出来,并形成一种稳定的行为方式与特征,才成为真正完整的责任感。"[①]没有实践,大学生社会责任感就会失去动力,因此我们要在社会实践中增强大学生社会责任感,同时在社会实践中检验大学生社会责任感养成情况。社会各界努力为大学生的社会实践创造条件,合力建构全社会关心支持大学生参与社会实践的大氛围,让大学生平等参与社会公共生活,在实践中去体验和思考,从而提高自身对于责任感的认识。如学校暑期开展的"三下乡"社会实践,为大学生提供了直接与社会接触的良好机会。大学生通过这样的实践活动,发挥其理论知识优势,在实践中进一步升华理性认识。社会为大学生提供机会参与实践,同时大学生也通过社会实践积极为社会服务。鼓励大学生参与志愿服务活动,了解社会生活百态,树立服务意识,积极响应国家的"大学生志愿服务西部计划",到祖国

---

① 谢四平,朱雯雯,谭建跃.大学生的社会责任感与和谐社会的构建[J].南华大学学报,2006(2):106.

最需要的地方去发挥才干,把国家、社会重任落到实处,提升大学生的使命感和责任感,为建设富强文明之国而贡献一己之力。

8.6.4　健全家庭、学校、政府和社会教育合力

大学生活社会责任感培育应树立"大德育""大思政"理念,调动一切积极因素,采取各项有效手段,使家、校、媒体、政府、社会各方的参与和构建通力协作,净化社会风气,全社会营造出积极进取、健康向上的价值导向和良好氛围。国家和政府做好制度安排和法律规制的顶层设计,完善责任行为的制度保障,坚持社会监督机制和道德机制相结合的监督体系,加大对违反社会责任道德不良行为的打击和惩处,为大学生积极承担社会责任创造条件;教育主管部门和高校应弱化应试教育的弊端,坚持对学生素质教育和德育考核的优先原则,并建立科学合理的大学生社会责任感评价考核体系,把大学生的利他行为和志愿行为等纳入考核激励范畴;利用媒体的影响力和扩散性积极宣传公益事业、志愿活动、社会道德模范和时代榜样,营造良好的社会舆论氛围和积极健康的价值导向,强化大学生的社会责任感;加大互联网的立法和监督,净化网络生态、优化网络道德环境,为大学生社会责任感的培育创造优良的社会环境。

社会教育作为教育的宏观层面,应该以提高国民整体素质为主要内容,做好舆论宣传与引导。提倡集体主义和奉献精神,营造诚信、友爱、爱岗、敬业的社会风气。我们要极力做好社会主义道德建设,全社会倡导和践行社会主义核心价值观,创设良好的社会环境,让大学生拥有更多的机会参与到社会的发展中,激励和引导大学生积极履行自己的社会职责,培养主人翁意识。学校教育是教育的中观层面,是强化教育成果的重要方式。要积极发挥学校教育的主渠道、主阵地作用,积极开展有针对性的思想理论课程及社会实践活动,灌输主流思想,营造良好的校园文化氛围,引导大学生树立积极健康的价值取向。

家庭教育是教育的微观层面,是教育的重要方面,应该重点凸显在思想道德教育与个性教育方面。家长要为子女营造一种和睦、温馨的家庭氛围,让子女意识到自己作为家庭的一分子,应承担对自己、对家庭的责任,如帮助父母完成家务,养成良好的劳动习惯和责任意识;通过教育子女关心家庭进而引导子女主动关心他人、关注社会,并且体会到自身对他人和社会应承担的责任。通过社会教育发挥大文化环境的作用,用社会主义核心价值观的内容,渲染良好的舆论氛

围,提供实践机会,创设良好实践条件和环境,从理论到实践引导大学生树立强烈社会责任感培育;学校与家庭加强沟通交流,如重庆工商大学开展的"家长学校两地书活动",使得学校教育与家庭教育有机融合,施展共同育人的作用。家庭、学校、社会三者立足于自身的教育特点,加强互动,搭建"家校社"信息沟通平台,扫除大学生教育盲区,把培育大学生社会责任感的目标作为共同目标,在社会主义核心价值观的引领下,通过不同的形式促成大学生社会责任感培育工作。社会教育、学校教育、家庭教育三者从宏观到微观形成合力,促进大学生建立内在责任意识形成机制,使大学生敢于并善于承担自己的责任,并在责任担待过程中不断地进行自我完善,最终形成强烈的社会责任感。

8.6.5　优化运行保障机制

优化运行保障机制包括高校健全制度体系、健全学生德育素质的评价体系。

(1)高校要健全制度体系。除保障高校正常的工作运行以外,要紧紧围绕培养大学生社会责任感的德育教育目标,在资源允许的情况下,为思想政治理论课、形势政策课,为党史、国史、改革开放史和社会主义发展史"四史"教育、校园文化建设、社团活动、专题活动、宣传阵地建设等提供制度和物质保障。

(2)制定科学合理的大学生社会责任感培养考核评价体系。定期对高校职能部门、教学单位、任课教师、管理人员、学生工作人员在大学生社会责任感培育过程中的任务完成情况进行考核,并引入激励机制保障培育的持续性和全过程性,激发教师与管理人员的工作积极性。

(3)健全高校大学生德育素质评价体系。以价值导向改革现行考试制度,考核方式多样化,增加行为、价值考核,对学生评价引入"综合素质测评"机制,如积极参与公共事务或志愿服务就是良好的社会责任感等,将对社会责任感外化为践行方式。社会责任感作为社会道德心理建设的一项社会系统化工程,是各种社会心理及文化因素综合作用的产物,通过完善运行保障机制推动大学生社会责任感的实效性。

8.6.6　贯穿价值引领、"知行合一"的衔接

主流价值观的宣传,大多从社会、学校两个方面开展,虽然其内容已经得到大范围的普及,但宣传工作还未完全渗透到人们的日常生活中,人们对它只有表

层的初步认识。因此,要对主流价值观的宣传提出更深层次的要求,使其能够内化于心、外化于行,共同构建人们认同的社会生活环境,营造充满责任感的社会氛围,从而在价值观的引领下促进学生社会责任感的培育。

大学生知行统一,就是道德理性认知和道德行为实践的有机统一,把社会的道德规范和价值观念转化为大学生个人的思想品德素质,并且支配他们的行为。加强大学生社会责任感是大学生全面发展的内在需求,在社会主义核心价值观的指导下,积极发挥大学生主体性,通过自我教育,深刻理解 24 字"核心价值观"的内涵,树立科学的世界观、人生观、价值观,自觉把社会主义核心价值观的基本要求内化为自我认知,从而支配自己的行为。调动大学生的主观积极性,主动参与道德实践,把 24 字"核心价值观"作为自己的行动向导,通过反复的实践过程,固化已有道德认知,进而外化为大学生的日常行为习惯,从而提升大学生社会责任感培育的自觉性。社会责任感属于道德认知,是意识层面的内容,要通过实践外化为道德行为,同时,在道德实践的过程中,大学生通过具体行为又体现了自身的责任感。只有"将理性认知转化为情感认同,才会进一步激发履行社会责任的动力。增进大学生社会责任认同不仅是一个思想问题,也是一个实践过程"。① 高校要重视社团活动对于大学生社会责任感培育的重要性,并且把社会主义核心价值观基本内容融入学生社团活动全过程,鼓励大学生参加学校社团活动,开展义务劳动、社区服务、公益项目、参观爱国主义教育基地等活动,培养大学生无私奉献的精神,增强大学生民族自信心和自豪感。筹建社会实践基地,搭建学校和社会交流平台,让大学生有更多的机会参与实践,帮助大学生从具体的实践工作中,了解社会需求和时代变化,在实践中做到与人友好、诚恳相待。大学生树立回报家庭、社会和祖国的强烈责任感,将对家庭、社会、国家的感激之情化为责任行为的动力,投身公益事业,义务支教,响应国家"三支一扶""志愿服务西部"的号召,到祖国最需要的地方去发挥自己的才干,将这种情感方面的责任意识上升到理性体验,并在以后的工作中继续为国家和社会做贡献,建设现代化国家和现代文明社会。

注重知、情、行的全面发展。心理学研究表明,人的认知过程、情感过程和外在行为是协调统一的。认知在很大程度上能够支配情感,情感也能够反作用于

---

① 魏进平,魏娜,等.不断增强大学生的社会责任感[N].人民日报,2012 - 02 - 16.

认知,认知和情感是相互影响、不可分割的。社会责任感包括了个体对社会责任的认知和情感,社会责任行为是社会责任感的外在表现。这就说明社会责任感的培养是需要认知、情感和行为全面发展的。在大学生社会责任感培养的实践过程中,长期存在着的误区就是重视社会责任认知的发展、忽视社会责任情感和社会责任行为的发展。教育者往往是把各种社会责任中所蕴含的行为规范教给学生,对于学生是否能将其"内化"为社会责任意识和"外化"为相应的社会责任行为则是不太清楚的。实际上,这种方法只是从大学生的认知层面这一个方面来进行培养,忽视了从情感和行为的层面进行培养。其实,对于像社会责任感这样的道德观念的培养,情感和行为层面的培养更为重要。仅仅从认知入手来培养社会责任感,没有体验式的教学情境,没有行为上的模仿与强化,就不能唤起学生情感上的共鸣,这样的培养效果会大打折扣。社会责任感的发展与思想政治教育学科的其他内容一样,都属于社会规范的学习成果。因此,社会责任感的发展作为一种社会规范的学习成果,要想取得良好效果,必须经过认知过程、情感过程和行为过程的全面投入,发展要体现为社会责任认知、社会责任情感和社会责任行为的全面发展。注重运用学生已有知识经验,创设问题情境,积极引导学生独立思考。

大学生社会责任感的培育作为一项长期而艰巨的任务,需要全社会形成合力,关注祖国的未来,支持高校思想政治教育工作,协同创造良好的培育环境,让大学生的社会责任感在正确的思想观念引领下逐步增强。通过国家、社会与个人等多方面的努力与教育,激励广大大学生肩负起社会责任与历史使命,积极引导大学生自觉主动履行社会责任,积极争做有社会责任感的人。将社会主义核心价值观内化为自己内心的精神动力,外化为日常生活中责任担当的行动指南,用理想信念、社会责任感和实际行动,为实现国家繁荣富强、民族复兴而不懈奋斗。

参考文献

[1] 艾楚君,宋新.大学生社会责任感生成机理及培育路径研究[J].湖南科技大学学报(社会科学版),2017(1).

[2] 安德义.论语解读[M].北京:中华书局,2010.

[3] 本书编委会.汉语大词典简编[M].上海:汉语大词典出版社,1998.

[4] 蔡华健,刘尧飞.自媒体时代大学生对社会热点关注倾向调查分析[J].高等农业教育,2015(1).

[5] 陈道银.公民责任建设与构建社会主义和谐社会[J].道德与文明,2008(2).

[6] 陈德钦.新时期大学生社会责任感培养的理论探究[J].重庆文理学院学报(社会科学版),2012(5).

[7] 陈菲,焦垣生.大学生责任意识教育应着力把握好的几个问题[J].思想理论教育导刊,2013(11).

[8] 陈志铖,张禧,何临春.大学生责任感培养的价值诉求与路径选择[J].沈阳农业大学学报(社会科学版),2015(4).

[9] 程东峰.责任伦理导论[M].北京:人民出版社,2010.

[10] 程炜.德国公民教育与德国的公民信息教育[J].继续教育研究,2016(9).

[11] 程雄飞,卢忠萍.邓小平《用中国的历史教育青年》及其对青年红色革命史教育的启示[J].山东青年政治学院学报,2017(1).

[12] 程雄飞.新时代大学生社会责任教育研究[D].南昌:南昌大学,2019.

[13] 崔乃鑫.大学生社会责任感缺失的原因和教育对策[J].现代教育管理,2010(5).

[14] 崔欣伟.学校责任教育论纲[M].北京:中国社会科学出版社,2012.

[15] 戴木才.积极培育和践行社会主义核心价值观[J].思想政治工作研究,2014(2).

[16] 邓小平.邓小平文选:第二卷[M].北京:人民出版社,1994.

[17] 邓小平.邓小平文选:第三卷[M].北京:人民出版社,1993.

[18] 董遂强.从社会心理学视角看新时期大学生社会责任感培育[J].鄂州大学学报,2016(6).

[19] 杜兰晓.大学生国家认同研究[D].杭州:浙江大学,2014.

[20] 范卫青.美国高校公民教育实践及启示[J].学校党建与思想教育,2014(2).

[21] 冯文全.现代德育原理[M].北京:科学出版社,2016.

[22] 冯霞.当代大学生社会责任感教育与培养探究[J].学术论坛,2009(2).

[23] 龚宇平."90后"大学生感恩意识的缺失及培育[J].学校党建与思想教育,2009(29).

[24] 郭金鸿.道德责任论[M].北京:人民出版社,2008.

[25] 胡锦涛.胡锦涛文选:第一卷[M].北京:人民出版社,2016.

[26] 胡锦涛.胡锦涛文选:第三卷[M].北京:人民出版社,2016.

[27] 胡俊生,李期.现代化进程中的价值选择——新加坡的"公民与道德教育"及其对我们的启示[J].延安大学学报(社会科学版),2003(2).

[28] 胡伟国,章志图.加强民办高校大学生责任教育的实践探索[J].教育研究,2013(4).

[29] 黄伟力.人生第一扣——社会主义核心价值观读本[M].上海:上海交通大学出版社,2015.

[30] 江泽民.江泽民文选:第三卷[M].北京:人民出版社,2006.

[31] 姜海珍.当代大学生的自我教育途径探索[J].科学之友(B版),2007(1).

[32] 教育部思想政治工作司.培育践行社会主义核心价值观高校案例[M].北京:中国书籍出版社,2015.

[33] 景立燕.法国:将开展新公民与道德教育[J].人民教育,2015(15).

[34] 况志华,叶浩生.责任心理学[M].上海:上海教育出版社,2008.

[35] 赖雪梅,肖平.美国高校本科生法治教育路径分析[J].比较教育研究,2018(8).

[36] 李大钊.李大钊文集(上)[M].北京:人民出版社,1984.

[37] 李兰芬.国家认同视域下的公民道德建设[J].中国社会科学,2014(12).

[38] 李庆华,韩滨蔚.践行社会主义核心价值观培育大学生社会责任感途径研究[J].黑龙江教育(高教研究与评估),2016(6).

[39] 梁启超.饮冰室文集[M].济南:山东人民出版社,1996.

[40] 刘峰.论新时期大学生社会责任感的培养[J].思想政治教育研究,2014(5).

[41] 刘海涛,郑雪,聂衍刚.大学生社会责任感的发展特点及影响因素[J].宁波大学学报,2011(3).

[42] 刘世保,田宏杰.基于责任事件的责任教育概念分析及价值[J].教育理论与实践,2011(15).

[43] 刘微微,盖元臣.论新时期大学生的社会责任意识[J].学术交流,2012(4).

[44] 刘兆伟.孟子评析[M].北京:中华书局,2011.

[45] 刘志超.西方国家学校德育教育的启示与借鉴[J].当代世界与社会主义(双月刊),2008(6).

[46] 马克思,恩格斯.马克思恩格斯全集:第二卷[M].北京:人民出版社,2005.

[47] 马克思,恩格斯.马克思恩格斯选集:第三卷[M].北京:人民出版社,2012.

[48] 马克思,恩格斯.马克思恩格斯选集:第四卷[M].北京:人民出版社,2012.

[49] 马志尼.论人的责任[M].吕志士,译.北京:商务印书馆,1995.

[50] 毛泽东.毛泽东同志论教育工作[M].北京:人民教育出版社,1992.

[51] 毛泽东.毛泽东选集:第二卷[M].北京:人民出版社,1991.

[52] 孟凡辉.公共性视域下大学生社会责任感的培育研究[D].长春:东北师范大学,2019.

[53] 任国忠.公民社会责任感的培育与公民道德教育的深度辩思[J].伦理与文明,2013(1).

[54] 塞缪尔·斯迈尔斯.人生的职责[M].李柏光,译.北京:北京图书馆出版社,1999.

[55] 苏霍姆林斯基.苏霍姆林斯基选集:第一卷[M].北京:教育科学出版社,2001.

[56] 苏守波.美国现代化进程中的公民教育[M].济南:山东人民出版社,2011.

[57] 孙培青.中国教育史[M].上海:华东师范大学出版社,2000.

[58] 孙秀玲.对大学生社会责任感培育与重塑的理性思考[J].甘肃社会科学，2008(5).

[59] 田志鹏,刘晓明.微信拉票现象的反思:人情绑架、诚信危机与网络社会责任伦理[J].学习与探索,2017(9).

[60] 田志鹏.学习论视阈下的大学生社会责任感培养研究[D].哈尔滨:哈尔滨工程大学,2018.

[61] 王荣德.现代德育论[M].北京:中国社会科学出版社,2016.

[62] 王树荫.中国共产党思想政治教育史[M].北京:中国人民大学出版社,2011.

[63] 魏海苓.责任与担当——大学生社会责任感养成机制研究[M].北京:知识产权出版社,2016.

[64] 魏进平,冯石岗.大学生社会责任感的形成机理和提高策略[J].河北师范大学学报(哲学社会科学版),2013(4).

[65] 魏进平,李琳琳,魏娜.教育引导大学生正确认识时代责任和历史使命——基于21个省80所高校19319名大学生的调查[J].社会科学论坛,2017(04).

[66] 魏进平,魏娜,张剑军.全国大学生社会责任感调查报告[M].北京:中国书籍出版社,2015.

[67] 魏进平,魏娜,温泉.不断增强大学生的社会责任感[N].北京:人民日报,2012-02-16.

[68] 吴威威.公民责任探析[M].北京:中国社会科学出版社,2015.

[69] 吴威威.现代化视域下的大学生公民责任教育研究[M].北京:中国社会科学出版社,2015.

[70] 吴亚林.价值教育及其在教育中的定位[J].教育研究与实验,2011(4).

[71] 西塞罗.论老年　论友谊　论责任[M].徐奕春,译.北京:商务印书馆,1998.

[72] 习近平.决胜全面建成小康社会　夺取新时代中国特色社会主义伟大胜利[M].北京:人民出版社,2017.

[73] 习近平.青年要自觉践行社会主义核心价值观[N].人民日报,2014-05-05.

[74] 习近平.让五四精神在新时代放射新的光芒——纪念五四运动一百周年[N].人民日报,2019 - 05 - 04.

[75] 习近平.习近平谈治国理政:第二卷[M].北京:外文出版社,2017.

[76] 习近平.习近平谈治国理政:第一卷[M].第 2 版.北京:外文出版社,2018.

[77] 习近平.在全国高校思想政治工作会议上的讲话[N].人民日报,2016 - 12 -09.

[78] 习近平.之江新语[M].杭州:浙江人民出版社,2007.

[79] 习近平.做党和人民满意的好老师[N].人民日报,2014 - 9 - 10.

[80] 夏征农.辞海[M].上海:上海辞书出版社,1999.

[81] 谢军.责任论[M].上海:上海人民出版社,2007.

[82] 谢四平,朱雯雯,谭建跃.大学生的社会责任感与和谐社会的构建[J].南华大学学报(社会科学版),2006(2).

[83] 许海元.当代大学生生命责任意识现状及培养对策[J].道德与文明,2009(3).

[84] 许庆朴.马克思主义原著选读[M].北京:高等教育出版社,1999.

[85] 许晓星.德国家庭教育的特点及对我国大学生工作的启示[J].江苏第二师范学院学报,2017(4).

[86] 颜水发,蒋娜红.自媒体背景下大学生社会责任感的培育[J].泉州师范学院学报,2015(4).

[87] 杨琴.大学生自我教育的意义及途径[J].教书育人,2007(4).

[88] 杨茹,丁云,阚和庆.大学生社会责任感的内涵、理论基础及现实意义探析[J].思想理论教育导刊,2012(11).

[89] 伊曼努尔·康德.道德形而上学原理[M].苗力田,译.上海:上海人民出版社,2012.

[90] 张丹凤.社会主义核心价值观引领下的大学生社会责任感培养机制探索[J].教育教学论坛,2016(9).

[91] 张海防.研究生社会主义核心价值观认同现状及对策研究[M].北京:光明日报出版社,2016.

[92] 张健.培养有责任感的孩子[M].北京:清华大学出版社,2014.

[93] 张欣鑫,荀伟高.教育为学生生活、就业、成为良好公民做准备——新加坡

教育部部长(学校)黄志明在第十九届校长任命暨受赏仪式上的演讲[J].世界教育信息,2017(3).

[94] 张耀灿.现代思想政治教育学[M].北京:人民出版社,2006.

[95] 张耀灿.中国共产党思想政治教育史论[M].北京:高等教育出版社,2006.

[96] 张玉萍.社会主义核心价值观视域下大学生社会责任感培育研究[D].开封:河南大学,2018.

[97] 张志伟.当代大学生社会责任感内涵解析及其教育路径[J].思想理论教育,2014(10).

[98] 赵兴奎,张大均,刘宗发.当代大学生社会责任心发展特点研究[J].牡丹江教育学院学报,2010(2).

[99] 中共中央文献研究室.十八大以来重要文献选编(上)[M].北京:中央文献出版社,2014.

[100] 钟启泉,黄志成.西方德育原理[M].西安:陕西人民出版社,1998.

[101] 朱婕.德国家庭教育的经验及对我国教育的启示[J].教育探索,2015(5).

[102] 朱小蔓.关注心灵成长的教育——道德与情感教育的哲思[M].北京:北京师范大学出版社,2012.

[103] DEY,E.L.Developing a moral compass:what is the campus climate for ethics and academic intefrity？[M].Washington，D.C.：Association of American Colleges and Universities,2010.

[104] J.MARK HALSTEAD AND MONICA J.TAYLOR.Values in education and education in values[M]. London · Washington,D.C.：The Falmer Press,1996.

索 引